일본어학개설

백동선 지음

신아사

머리말

지구상에는 많은 언어가 존재한다. 이 언어를 연구하는 학문이 언어학이다. 언어학은 크게 언어의 보편적인 내용을 연구하는 일반언어학과 어떤 특정한 언어를 개별적으로 다루는 개별언어학으로 나뉜다.

일본어학은 개별언어학의 한 분야이다. 개별언어학은 특정한 개별언어를 취급하기 때문에 그 대상이 되는 언어를 앞에 붙여서 일반적으로 「일본어학」「영어학」「중국어학」과 같이 표현한다.

일본어를 공부하다 보면 일본어의 전체상에 대해 좀 더 체계적으로 공부하고 싶은 욕심이 든다. 우리가 일본어학을 공부해야 하는 이유이다. 일본어학은 일본어에 대한 전체상을 학문적으로 정리해 둔 것이다.

이 책은 일본어학을 전공하는 사람이나 전공하고자 하는 사람, 또는 일본어의 전체상에 대해 체계적으로 정리하고자 하는 사람들에게 필요한 일본어에 관련된 종합적인 지식의 기본을 이해하게 하고자 하여 만들어진 것이다. 외국어 학습은 그 자체로도 흥미로운 일이지만, 그것을 체계적으로 정리해 두면 비로소 내 것이 되었다는 뿌듯한 마음이 생기게 된다. 일본어를 전공하는 사람의 경우에는 특히 일본어에 관한 언어학적인 기초 지식을 필요로 한다.

본서는 이와 같은 사람들에게 필요한 일본어학에 대한 개설서이다. 현대일본어를 이해하는 데에 필요한 지식을 개관하는 데에 중점을 두고 집필하였다. 세계의 언어와 일본어는 어떠한 관계에 있는가, 일본어와 일본어학의 관계는 어떠한가에서 시작하여, 음성과 음운, 문자와 표기, 어휘, 문법, 경어, 언어생활 등 일본어학에 관련된 각 분야를 종합적으로 정리할 수 있도록 하였다. 각 분야에 대한 개념을 폭넓게 이해할 수 있도록 관련용어에 대한 해설을 더한 부분도 있다.

일본어를 깊이 있게 학습하는 사람은 일본어를 객관적으로 보고 분석할 수 있는 안목이 있어야 한다. 일본어를 세계의 여러 언어 중의 하나라는 관점에서 보고 생각할 수 있는 객관적인 사고방식이 필요한 것이다.

이 책은 일본어학을 공부하고자 하는 사람을 염두에 두고 만들어진 것이지만, 지금까지 일본어를 학습한 적이 있거나 일본어에 관심이 있는 모든 사람들이 일본어에 대해 좀 더 체계적으로 이해하고 정리하는 데도 유용하게 쓰일 수 있도록 하였다. 세간에 나와 있는 일본어학에 관련된 서적 중에는 전문가들 사이에서나 이해할 수 있는 난해한 부분을 많이 볼 수 있는데, 본서에서는 이들을 과감하게 정리하여 지식의 습득과 독자의 편의를 동시에 고려하였다.

이와 같은 방침 하에 본문의 해설에 쓰이는 한국어의 단어에 일본어 단어를 표기하는 것이 이해에 도움이 된다고 판단될 경우 그 단어를 괄호 안에 넣어서 병기하도록 한다. 이때는 일본어 단어를 표기하므로 당연히 한자는 일본에서 사용하는 자체를 사용한다. 이렇게 하면 일본어 어휘력 향상에도 크게 도움이 되기 때문이다. 또한 기본적인 개념에는 영어를 병기하여 이해하기 쉽게 하였다.

아무쪼록 이 책을 통하여 언어학에 대한 기본적인 개념과 일본어학에 대한 전체상을 이해할 수 있게 되고, 더불어 외국어 학습에 있어서 가장 기본이 되는 어휘력을 향상시키는 데에도 기여하게 되기를 바라마지 않는다.

2016년 2월 25일

저자 백동선

목차

제3장 문자와 표기

제4장 어휘

제5장 문법

제6장 경어

제7장 언어생활

제1장
세계의 언어와 일본어

1. 언어의 정의

인간은 살아가면서 누군가에게 끊임없이 커뮤니케이션을 시도한다. 그 대상이 인간인 경우가 대부분이지만, 경우에 따라서는 인간 이외의 동물에게도 아니면 식물이나 사물에게도 시도하는 수가 있다. 이때에 사용하는 의사전달 도구로는 손동작, 몸동작 등 여러 가지가 있을 수 있지만, 역시 가장 일반적인 수단은 말, 즉 언어라고 할 수 있다. 우리는 일상생활 속에서 언어를 통한 의사전달이 가장 많고, 이 언어가 가장 기본적인 의사전달 수단인 것이다. 언어는 인간이 사용하는 커뮤니케이션 도구로서 가장 기본적이고 필수적인 요소라고 할 수 있다.

일상생활을 하면서 우리는 특별한 의식 없이 모어(母語, mother tongue)를 사용하고 있다. 모어는 태어나면서부터 자연스럽게 의사전달 수단으로 체득한 자연언어(natural language)를 말한다.

모어는 모국어(母国語)와는 다른 말이다. 모어는 순수한 언어로서의 개념이고 모국어는 국가적인 개념이다. 굳이 말하자면 nationality language인 셈이다. 한국인은 대부분 모어와 모국어가 일치하지만 그렇지 않는 경우도 많이 있을 수 있다. 예를 들어 일본에서 나고 자란 재일동포가 한국 국적을 유지하고 있는 경우, 모국어는 한국어이지만 모어는 일본어가 된다.

따라서 두 용어는 구분되어야 하지만 일상적으로는 동일시되는 경우도 허다하다. 영어의 경우, 모어나 모국어가 모두 mother tongue으로 해설되는 경우가 많다. 그러나 모국어는 오히려 국어(national language)에 가까운 용어인 것이다. 『고지엔(広辞苑)』의 경우도 다음의 정의와 같이 거의 동일시하고 있다.

- 母語： 幼時に母親などから自然な状態で習得する言語。
  (모어 : 유아 때에 어머니 등으로부터 자연스런 상태로 습득한 언어)

- 母国語：母語の言語。⇒ 母語
  (모국어 : 모어의 언어. ⇒ 모어)

언어는 일반적으로 말하고, 듣고, 읽고, 쓰는 데에서 그 기능(技能)을 찾아볼 수 있다. 마음속으로 무언가를 생각할 때도 언어를 사용하지만, 이는 겉으로는 나타나지 않는다. 그러나 이것도 언어를 습득하였기 때문에 사고방식의 근본에 언어를 수단으로 사용하고 있다고 할 수가 있다.

말하기가 언어의 가장 기본적인 기능(技能)이다. 그런데, 누군가가 말을 하더라도 그것을 듣고 이해할 수 없으면 의사전달 수단으로서의 기능(機能)을 상실하고, 단순한 소리에 지나지 않게 된다.

따라서 언어는 말하는 사람과 듣는 사람 사이의 약속이 있어야 한다. 자기 자신의 말을 스스로가 이해하는 것도 각각의 용어의 의미를 스스로가 알고 있기 때문이다. 이 점은 음성언어(音声言語)뿐만 아니라 문장으로 쓰인 문자언어(文字言語)의 경우도 마찬가지이다. 필자와 독자 사이에는 사회적이고 언어적인 약속이 있는 것이다.

말이라는 것은 기본적으로 음성 또는 문자와 의미가 결합한 것이다. 예를 들면, 「공부」라는 음성 또는 문자는 「학문이나 기술을 배우거나 여러 가지 경험을 쌓고 습득하는 것」이라는 의미를 갖는다. 이것이 사회적인 약속이다.

「말」과 「언어」는 고유어(固有語)에 의한 표현인가 한자어(漢字語)에 의한 표현인가의 차이이지만, 실질적으로는 어떤 특정한 말의 집합을 언어로 보는 경우가 일반적이다.

『日本語大辞典(일본어대사전)』에 의하면 『언어』는 다음과 같이 정의된다.

● 言語(げんご) : 音声,または連続文字を用いて思想·感情·意志などを伝えあう体系。また,その行為·ことば。
(언어 : 음성, 또는 연속문자를 사용하여 사상 · 감정 · 의지 등을 서로 전달하는 체계. 또, 그 행위 · 말)

이와 같은 사회적인 약속으로서의 언어를 연구하는 학문을 언어학(言語学, linguistics)이라고 한다. 언어학은 일반언어학(一般言語学, general linguistics)과 개별언어학(個別言語学, individual linguistics)이라는 크게 두 가지로 나뉜다.

일반언어학은 언어의 보편적인 원리를 연구하는 언어학이고, 개별언어학은 어느 한 특정언어를 연구하는 언어학이다. 일반언어학과 개별언어학은 둘 다 언어학의 한 분야이지만, 우리가 보통 언어학이라고 할 때는 일반언어학을 가리키는 경우가 많고, 개별언어학은 그 대상인 특정언어를 붙여서 일본어학(日本語学, Japanese linguistics), 한국어학(韓国語学, Korean linguistics), 영어학(英語学, English linguistics) 등으로 불리는 경우가 많다.

언어학에서 주로 취급하는 언어는 음성언어(音声言語)이다. 언어의 근본이 음성언어이기 때문이다. 그러나, 음성언어는 거리적이고 공간적인 한계가 있고, 말을 한 후에 금방 사라진다고 하는 시간적인 제약이 있다. 이와 같은 한계는 통신기술의 발달과 녹음기술의 발달로 어느 정도 보완이 되고 있지만, 기록하고 보존하는 면에 있어서는 문자언어(文字言語)가 매우 중요한 작용을 하고 있다고 볼 수 있다.

2. 언어의 분류

우리가 생활하는 지구상에는 수많은 언어가 존재한다. 학자마다 각자의 기준에 따라 통계가 다르기는 하지만 적게는 2800개, 많게는 3500개, 대략 3000여개의 언어를 인정하는 추세이다. 『世界のことば小事典(세계의 언어 소사전)』에는 3500개로 기술되어 있다. 더 많게는 6000여개를 거론하는 경우도 있다. 그러나 언어의 정의로 볼 때, 이는 지나치게 세분한 견해라고 볼 수 있다. 특히, 신문과 같은 보도매체들은 방언까지 언어로 계산하여 과장되게 표현하는 경우가 많아 주의를 요한다. 이와 같이 많은 언어 중에서 우리가 알고 있는 언어수는 별로 많지 않음을 알 수 있다.

이들 언어의 분포를 보면 한 국가에 여러 개의 언어가 있는 경우도 있고, 한 국가에 한 언어 또는 2개 국가 이상에서 하나의 언어를 사용하는 경우도 있다. 예를 들면, 중국의 경우는 「中国語(Chinese), ウイグル語(Uighur), カザフ語(Kazakh), チベット語(Tibetan), ミャオ語(Miao), 満州語(Manchu)」 등 30여개의 언어가 존재하고 있으며, 한국과 북한에서는 같은 언어인 한국어(Korean)를 사용하고 있다(세계의 언어 소사전 참조).

따라서 한 국가의 인구수와 어떤 언어를 사용하는 인구수가 반드시 동일한 것은 아니다. 예를 들면, 인도네시아에는 약 300여의 종족(種族)이 있고, 약 250여개의 언어(言語)가 있다. 전 인구 중에서 40% 정도가 자바어(ジャワ語, Javanese)를 모어로 하고, 다음으로 순다어(スンダ語, Sundanese)화자가 15% 정도이며, 본래의 인도네시아어(インドネシア語, Indonesian)를 모어로 하는 화자는 12%에 지나지 않는

다. 지금은 원래 3위였던 인도네시아어가 정책적 배려에 의해 인도네시아의 공용어(公用語, official language)로 정해져서 학교에서 교육을 받기 때문에 대부분의 인도네시아인이 인도네시아어를 습득하면서 국어(国語, national language)로서의 위치를 차지하고 있는 것이다.

어떤 사람이 태어나서 성장하면서 자연스럽게 습득하게 된 언어를 사용하는 사람의 집합을 언어사용인구(言語使用人口)라고 한다. 국적(国籍)하고는 일치하지 않는 경우도 많다. 세계의 언어사용인구를 살펴보면 대략 〈표1〉과 같다. 세계의 10위권 언어 안에 인도네시아어를 넣는 경우도 있지만, 위에서 살펴본 상황에 의해 순수한 인도네시아어를 사용하는 인구는 3500만 명 정도이며 제2, 제3언어로 사용하는 인구를 포함해야 1억5천만 정도가 된다. 인구가 2억5천만 명이기 때문에 시간의 경과와 더불어 인도네시아어가 인도네시아의 실질적인 제1언어가 될 가능성은 충분히 있다고 할 수 있다.

〈표1〉 언어사용인구표

순위	언어	언어사용인구수	주요사용국
1	중국어	13억	중국
2	영어	6억	영국, 미국
3	힌디어	3억5천	인도
4	러시아어	2억8천	러시아
5	스페인어	2억5천	스페인, 남미
6	아랍어	2억	아랍연합
7	포르투갈어	1억9천	포르투갈, 남미
8	벵골어	1억8천	방글라데시
9	프랑스어	1억6천	프랑스
10	일본어	1억3천	일본

견해에 따라 순위가 바뀔 수 있다는 것이다. 힌디어와 러시아어의 경우도 힌디어 모어화자의 수가 점차 감소하고 영어화자화하는 경향에 의해 실질적인 3위권 언어는 러시아어라고 할 수도 있는 것이다.

위의 표를 보면 언어사용인구가 1억 이상인 언어가 지구상에 10여 개가 있음을 알 수 있다. 이와 같이 언어사용인구가 1억 이상인 언어를 대언어(大言語, major language)라고 한다. 대언어 중에서 언어사용인구가 2억이 넘는 언어가 6개 정도이고, 1억이 넘는 언어가 4개 정도로서 이들이 상위 10위권의 언어들이다. 일본어는 1억3천만의 언어사용인구를 보유한 언어로 세계 10위권을 점유하고 있다. 참고로, 한국어는 약 7천5백만의 언어사용인구가 있으며 세계 15위권이다.

위의 언어 중에서 국제연합(国際連合)의 공용어는 중국어, 영어, 러시아어, 스페인어, 아랍어, 프랑스어이다. 일본어를 국제연합의 공용어로 채택시켜야 한다고 적극적으로 주장하는 일본학자도 적지 않다.

여기에서 자연언어와 인공언어에 대해서도 이해를 해 둘 필요가 있다. 자연언어(自然言語)는 일본어, 한국어, 영어, 중국어 등과 같이 자연발생적으로 생겨난 언어를 말하고, 컴퓨터언어라든가 세계의 공통언어를 표방하고 시작된 에스페란토와 같은 것을 인공언어(人工言語)라고 한다. 최근에 복잡한 영어에서 탈피하여 비영어화자에게도 쉽게 익힐 수 있도록 하자는 취지에서 시작된 글로비쉬(globish)는 자연언어를 쉽게 편집한 것이기 때문에 자연언어에 인공언어적 성격을 가미한 것이라고 할 수 있다. 언어학에서 일반적으로 취급하는 언어는 자연언어이다.

2.1 유형적 분류

세계의 여러 언어를 유형별로 분류한 것을 「언어의 유형적 분류(言語の類型的分類, typological classification)」라고 한다. 이것은 언어를 문법적 구조를 중심으로 하여 유형적으로 분류한 것으로 다음과 같이 크게 네 가지 형식으로 나뉜다.

① **고립어(孤立語)**

문법관계를 단어의 형태를 바꾸지 않고 고립적으로 위치하고 있는 어순(語順)으로 나타내는 언어이다. 대표적인 언어로 중국어를 들 수 있다.

예) 중국어 : 我打他 (wǒ dǎ tā). 나는 그를 때린다.
他打我 (tā dǎ wǒ). 그는 나를 때린다.

② **교착어(膠着語)**

교착어는 자립어에 부속어를 첨가하여 문법관계를 나타내는 언어로, 이때의 부속어는 일반적으로 조사(助詞)를 중심으로 한 접사(接詞)를 말한다. 접사가 자립어에 아교(膠)처럼 착 달라붙어 있기 때문에 교착어라고 한다. 한국어와 일본어가 대표적인 교착어이다.

예) 일본어 : 太陽は東から昇る。
(태양은 동쪽에서 뜬다)

私が言いたいことは信用が大事だということだ。
(내가 말하고 싶은 것은 신용이 중요하다는 것이다)

③ **굴절어(屈折語)**

어형변화와 같은 형태적인 변형으로 문법관계를 나타내는 언어이다. 영어, 라틴어 등 인도유럽어족(Indo-European Family)이 주로 이에 속한다.

예) 영어 : I think he bought that last week.
Everyone knows that you are the best player.

④ **포합어(抱合語)**

문법요소가 마치 한 단어와 같이 융합되어 있는 언어로, 에스키모어나 아이누어가 이에 속한다. 융합어(融合語)라고도 한다.

예) 아이누어에서 비롯된 일본어 :
トナカイ(馴鹿, 순록), ラッコ(海獺, 해달)
シシャモ(柳葉魚, 바다빙어), ノンノ(「花」の意, 꽃)

이 외에 피진(pidgin)과 크레올(creole)이라는 것이 있다. 이들은 다른 언어와의 접촉에 의해서 생긴 일종의 변종 언어이다. 피진은 현지인과 외국인이 접촉하면서 이들 사이의 이문화간커뮤니케이션으로 인해 자연스럽게 생성된 혼종어를 말한다. 예를 들면 현지어와 영어가 접촉하면서 생긴 Long time, no see. (오래간만이예요)와 같은 것을 「피진영어」라고 한다. 이 피진어가 발전하고 정착하여 한 지역의 모어로 통용되게 된 것이 크레올이다.

2.2 어순에 의한 분류

세계의 언어를 어순(word order)에 근거하여 다음과 같이 분류할 수 있다. 이를 언어의 어순에 의한 분류라고 한다. 크게는 아래 ① ② ③까지의 세 가지로 분류할 수 있지만, ④를 포함하여 네 가지로 보는 설도 있다.

① SOV언어

주어+목적어+동사의 순서로 문이 나열되는 언어를 말한다. 단순하게 언어의 숫자로만 계산하면 가장 많은 언어가 이에 속하여 전 언어의 약 45% 정도가 이에 해당한다.

예) 일본어, 한국어, 페르시아어, 알타이제어, 아이누어 등

学生がブロッコリジュースをくれました。
(학생이 브로콜리주스를 주었습니다)
彼女は毎朝ジョギングをするそうです。
(그녀는 매일 아침 조깅을 한다고 합니다)

② SVO언어

주어+동사+목적어의 순서로 문이 나열되는 언어를 말한다. 언어사용인구로 보면 가장 많은 인구를 보유한 언어인데, 언어수로는 전 언어의 약 37%가 이에 속한다.

예) 인도유럽제어, 중국어, 태국어 등

I have been studying English for ten years.
I am conducting my research now.

③ VSO언어

동사+주어+목적어의 순서로 문이 나열되는 언어를 말한다. 전언어수의 약 18%가 이에 속한다.

예) 헤브라이어, 폴리네시아어 등

④ VOS언어

동사+목적어+주어의 순서로 문이 나열되는 언어로 별로 많지는 않다. 타갈로그어, 통가어 등 약 5% 미만에서 찾아볼 수 있는데, 이들도 어두에 동사가 오는 위치만 확실하고 주어와 목적어의 위치가 바뀔 수 있기 때문에 VSO언어의 범주에 넣는 경우도 있다.

3. 일본어와 일본어학

지구상에 3천여 개 있는 언어 중에 일본에서 사용되고 있는 언어는 일반적으로 3개로 계산된다. 하나는 일본에서 공통적으로 사용되는 일본어(日本語)이고, 또 하나는 홋카이도(北海道)의 아이누어(アイヌ語), 다른 하나는 오키나와(沖縄)의 류큐어(琉球語)이다. 류큐어는 오키나와방언화되어 가는 과정에 있으나 원래는 다른 언어이다.

이 중에서 우리가 공부할 것은 전국 공통어(共通語)인 일본어이다. 일본어는 「표준어(標準語, standard language)」가 아니라 「공통어(共通語, common language)」가 올바른 표현이다. 공통어와 표준어의 관계에 대하여 『国語学大辞典(국어학대사전)』 (1980:219-220)에서는 다음과 같이 서술하고 있다.

> 共通語は現実であり，標準語は理想である。共通語は自然の状態であり，標準語は人為的につくられるものである。したがって，共通語はゆるい規範であり，標準語はきびしい規範である。
> (공통어는 현실이고 표준어는 이상이다. 공통어는 자연 상태이고 표준어는 인위적으로 만들어진 것이다. 따라서 공통어는 느슨한 규범이고 표준어는 엄격한 규범이다.)

이와 같이 공통어는 현실적인 커뮤니케이션의 수단을 중시한 것이고, 표준어는 인위적으로 정하여 일률화하고자 하는 언어이다. 공통어로서의 일본어는 도쿄(東京)의 주거지역에 거주하는 교양 있는 일본인들이 사용하는 언어이다. 우리는 지금부터 이 언어에 대해 그 구조를 공부하는 것이다.

일본어학이란 일본어를 체계적으로 연구하는 학문으로 언어학의 한 분야이다. 일본에서는 자기 국가의 언어라는 뜻으로 일본어를 「국어(国語)」라고 부르기도 하기 때문에 일본어학을 「국어학(国語学)」이라고 부르기도 한다. 그러나 「국어학」은 주로 전통적인 언어 연구의 측면이 강하고 주관적인데 비하여 「일본어학」은 현대 언어 연구의 측면이 강하고 세계의 언어 중의 하나라는 객관성이 강한 용어라고 볼 수 있다.

한국인의 대부분은 일본어와 한국어가 같은 계통이며 습득하기가 용이하다고 생각하는 경향이 있다. 이와 같은 인식에는 앞에서 살펴본 세계 각 언어에 있어서의 포괄적인 특징, 즉 한국어와 일본어가 같은 교착어(膠着語)이며, 양언어가 SOV언어를 대표하는 언어이다, 등의 특징도 한 몫을 하고 있다고 생각된다. 양언어가 계통적으로 매우 가까운 언어처럼 생각되는 것도 사실이다.

그러나, 언어학계에서는 아직 양언어의 계통은 불분명한 상태이다. 특히, 한국에서는 일반적으로 양언어를 같은 계통의 언어로서 알타이제어(Altaic languages)에 속한다고 보고 있으나, 일본의 언어학계에서는 아직 불분명한 언어로 남아 있다.

일본에서의 일본어 계통설은 크게 북방기원설과 남방기원설로 나뉜다. 이 중에서 북방기원설이 한국에서와 마찬가지의 알타이어족설이고 남방기원설은 주로 오스트로네시아어족설이다. 북방기원설은 어두에 r, l 음이 나타나지 않고, 모음조화 현상이 있으며 후치사를 사용한다는 등의 특징이 지적되고 있다. 남방기원설은 개음절(開音節)이라는 점과 단어 첫머리에 자음이 겹치지 않는다는 점 등이 지적되고 있다.

계통론에 있어서의 논란은 차치하고라도 양언어의 유사성(類似

性)은 여러 군데에서 발견할 수 있다. 이 유사성은 한국인의 일본어 학습에 있어서나, 일본인의 한국어 학습에 있어서나 장점으로 작용하는 경우도 많으나, 그 유사성이 모어의 간섭(mother tongue interference)에 의한 오용(誤用)의 원인이 되기도 한다.

한국인은 발음(発音)에 있어서도 한국어의 우수성으로 인해 일본어 발음은 쉽게 습득되는 것으로 생각하는 사람이 많은 듯하다. 그러나, 이것은 옳은 생각이 아니다.

언어체계에 있어서는 다른 외국어에 비해 흡사한 점이 많다. 그래서 동계설(同系説)을 주장하는 학자도 많은 것이 사실이다. 그러나, 특히 발음에 있어서는 양언어의 음운체계가 근본적으로 다르기 때문에 습득하기가 쉽지 않다. 이와 같은 점을 직시하고 일본어를 접할 필요가 있다.

일본인의 모어는 일본어이고, 그것은 또 일본의 국어(国語, national language)이기도 하다. 그러나, 세계적으로 살펴보면, 일본처럼 한 언어가 그대로 모어가 되고, 그 모어가 그대로 그 나라의 공용어(公用語, official language), 즉 국어로 되어 있는 언어는 오히려 드문 현상이라고 할 수 있다. 일본인들도 일본인이라면 누구나가 일본어를 읽고 쓸 수 있다고 당연하게 믿고 있지만, 이처럼 단일언어(単一言語)를 대부분의 국민이 읽고 쓸 수 있는 예는 세계적으로 보아 그다지 많지 않은 것이다.

일본어는 1억 이상의 언어사용인구를 가지고 있는 대언어(大言語)이고 경제력도 높기 때문에, 제2외국어로 습득하고자 하는 학습자가 늘고 있다. 특히, 1980년대 이후 그와 같은 경향은 농후해져가고 있다.

그 경향을 살펴보도록 하자. 해외의 일본어학습자의 약 90%가 아시아에 있고, 그 중에서도 동아시아가 약 80%를 차지하고 있다. 특히, 동아시아의 중국과 한국에 있어서 일본어 학습자가 격증해 왔다.

이러한 경향은 한국으로부터 시작되었다. 전후(戰後), 한일간의 역사적인 경위 때문에 고등학교에서의 일본어교육은 금지되어 있었지만, 1973년부터 독일어·프랑스어와 마찬가지로 고등학교의 제2외국어로서 배우고 싶은 학생이 학습할 수 있도록 되었다. 더욱이 대학입시에서의 외국어 과목의 하나로 채택됨으로 인해 박차를 가하게 되었다.

한편, 중국의 경우는 1978년 일중평화우호조약 체결 후, 폭발적으로 일본어학습자가 증가했다. 물론 중국의 대외개방정책에 의한 것으로, 중국에 있어서 최대의 외국어학습인구를 갖고 있는 언어는 영어이지만, 2위 이하는 대학 등 고등교육기관에 있어서는 일본어, 러시아어, 독일어, 프랑스어의 순으로 되어 있다.

동남아시아의 경우도 타이, 말레이시아, 싱가포르와 인도네시아의 중등교육기관에서 일본어가 선택과목으로 교육되고 있다. 오스트레일리아의 일본어학습자의 인구 비율은 세계 제1위라고 한다. 뉴질랜드와 마찬가지로 중등교육수준의 학습자가 많으며, 양국의 일본어학습자의 8할은 중·고교생이다.

동아시아, 동남아시아, 그리고 오세아니아의 일본어학습자수는 전 세계 학습자수의 약 9할을 차지하고, 그 중에서도 8할 전후가 중등교육기관에서의 학습자인 것이다. 아시아·태평양권에서 일본어는 국제성이 있는 언어로 그 지위를 굳혀 가고 있음을 나타내고 있다고 할 수 있다.

구미(欧美)에 있어서도 종래에는 특수한 언어의 하나였던 일본어가 최근에는 최신과학기술정보를 입수하기 위한 일본어로 그 인식이 크게 변화해가고 있다. 과학용어와 더불어 요리, 애니메이션, 게임 등에 관련된 일본어가 그대로 영어화하고 있는 현상도 많이 찾아볼 수 있다. 비교적 친근하다고 생각되는 영어화되어 있는 일본어를 몇 가지 들면 다음과 같다.

〈영어화되어 있는 일본어의 예〉

초밥 : すし：sushi　　라면 : ラーメン：ramen
유도 : 柔道：judo　　된장 : みそ：miso
회 : さしみ：sashimi　　두부 : 豆腐：tofu
노래방 : カラオケ：karaoke　　합기도：合気道：aikido
만화：漫画：manga　　색종이：折紙：origami

이와 같이 일본어는 이제 일본인만의 일본어가 아니라 세계의 여러 언어 안에 열려 있는 일본어라고 할 수 있다.

제2장
음성과 음운

1. 음성

음성(phone)이란 인간이 자신의 의지나 감정 등을 다른 사람에게 전달하기 위하여 음성기관을 사용하여 표출하는 언어로서의 소리를 말한다. 이 소리를 일본어로는 「音(おん, おと)」 또는 「声(こえ)」, 음성은 「音声(おんせい)」라고 한다. 이와 같은 음성은 의사전달을 목적으로 하는 것이기 때문에, 하품(あくび)이나 기침(せき), 재채기(くしゃみ), 딸꾹질(しゃっくり)과 같은 생리적인 소리나 휘파람(口笛), 헛기침(からぜき) 등의 비언어음은 일반적으로 음성에 포함하지 않는다.

의사전달을 목적으로 하는 음성을 연구하는 학문을 음성학(音声学, phonetics)이라고 한다. 음성학은 음성의 성격이나 종류, 기능, 체계 등을 연구하는 분야이다. 음성학은 그 목적하는 바에 따라 다음의 세 가지로 분류된다.

(1) **조음음성학(調音音声学)** : 폐에서 날숨(呼気)이 기관을 통해 인두(咽頭；いんとう), 구강(口腔；こうこう), 비강(鼻腔；びこう) 등의 음성기관을 통과할 때, 그것이 어떻게 변화하여 언어음으로서의 특징에 이르게 되는가를 연구하는 분야이다.

(2) **음향음성학(音響音声学)** : 언어음의 물리적, 음향적 특징을 각종 음성분석기기를 통해 연구하는 분야이다.

(3) **청각음성학(聴覚音声学)** : 음성이 청자에게 지각(知覚)되고 인지(認知)되기 위하여 청자의 지각처리기구에서 어떠한 처리가 행해지는가를 연구하는 분야이다.

여기에서는 가장 기본적인 음성연구 방법이라고 할 수 있는 조음음성학(調音音声学)을 기본으로 일본어의 음성을 개관하도록 한다.

1.1 음성기관

우리 몸의 여러 기관 중에서 음성을 발할 때에 필요한 기관을 총칭하여 음성기관(音声器官)이라고 한다. 〈그림1〉은 대표적인 음성기관을 나타낸다.

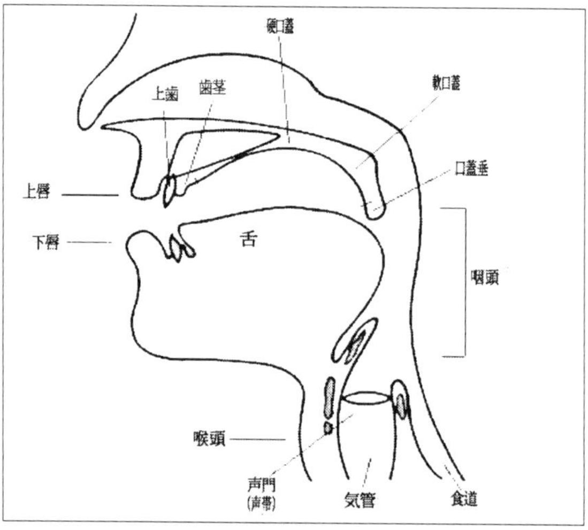

〈그림1〉 음성기관

음성기관의 어느 부분을 닫는다거나 떨리게 하여 목적하는 소리를 만들어내는 것을 조음(調音)이라고 하고, 조음이 일어나는 곳을 조음점(調音点), 그 조음에 관계되는 음성기관을 조음기관(調音器官)이라고 한다.

성도(声道)를 통과하는 숨은 날숨(呼気)이고, 들숨(吸気)이 사용되는 경우는 거의 없다. 이 날숨은 기관(気管)을 통해 후두(喉頭)에 이른다. 후두에는 성대(声帯)가 있고, 이 성대를 날숨이 어떻게 통과하느냐에 따라 음성으로서의 중요한 특징이 부여되게 된다.

성대의 진동 없이 통과하는 음이 무성음(unvoiced sound)이고, 성대의 진동을 동반하는 음이 유성음(voiced sound)이다.

◈ **유성음(有声音)** : 성문(声門)을 통한 날숨에 의해 성대(声帯)가 진동했을 때에 생기는 음이다. 목에 손을 대고 [i] [a]나 [b] [d] [z] 등을 발음해 보면 성대가 진동하는 것을 느낄 수 있다.

◈ **무성음(無声音)** : 성문을 통한 날숨이 성대가 떨어져 있어서 진동을 할 수 없는 음이 무성음이다. 목에 손을 대고 [p] [t] [k] 등을 발음해서 진동이 되는지 안 되는지를 살펴볼 수 있다.

그러면 음이 만들어지는 조음(調音)의 과정을 보도록 하자. 폐에서 나온 날숨(呼気)은 먼저 목으로 간다. 날숨은 목에 있는 성대(성대 사이에 있는 좁은 통로를 성문이라고 한다)를 지나서 구강(口腔)이나 비강(鼻腔)에 들어간다. 어느 쪽을 통과하는가는 입천장이나 목젖(のどびこ) 또는 입술 등의 개폐(開閉)에 의해서 결정된다.

구강에 들어간 날숨(呼気)은 입천장과 혀, 이와 이 사이, 입술과 입술 사이를 통해서 밖으로 나간다.

입천장 안쪽의 부드러운 부분을 연구개(軟口蓋, 여린입천장)라고

하고, 그 앞부분의 잇몸에 접한 딱딱한 부분을 경구개(硬口蓋, 센입천장)라고 한다. 설면(舌面)은 앞쪽, 중간, 안쪽의 세 부분으로 구분하여, 각각 전설(前舌；まえじた, ぜんぜつ), 중설(中舌；なかじた, ちゅうぜつ), 후설(後舌；うしろじた, こうぜつ)이라고 한다. 혀의 앞부분은 혀끝(舌尖；ぜっせん, 舌先；したさき)이라고 한다. 한편, 비강(鼻腔)에 들어간 날숨(呼気)은 콧구멍(鼻孔；びこう)으로부터 밖으로 나온다.

1.2 음성의 단위

사람이 발음을 할 때는 몇 개의 소리를 하나로 묶어서 발음한다. 일반적으로 말을 할 때에 「アジサイ」「スバラシイ」라고 말하는 경우, 음은 연속되어 있어서 도중에 날숨(呼気)이 끊어지는 경우는 거의 없다. 일부러 끊어서 발음하려고 하면 「ア」「ジ」「サ」「イ」「ス」「バ」「ラ」「シ」「イ」 등으로 발음할 수는 있지만, 특별한 이유가 있는 경우를 제외하면 그렇게 발음하지 않는다. 이 중에서 「ア, イ」는 더 이상 분해할 수 없지만, 「ジ, サ, ス, バ, ラ, シ」는 발음의 도중에 혀나 입술 등이 움직인다. 따라서 좀 더 세밀하게 나눌 수 있다.

이와 같이 조음의 방식이나 음의 성격 관찰을 통해서 얻을 수 있는 음성학상 더 이상 분해할 수 없는 최소의 단위를 「단음(単音)」이라고 한다. 음성학에 있어서 음성의 분석은 이 단음을 기초로 이루어진다.

음성을 표기하는 방법, 즉 각각의 단음을 표기하기 위해서는 주로 기호가 사용된다. 다양한 표기 방식이 있지만, 일본어의 경우, 국제음성학협회에서 정한 「국제음성기호」 (International Phonetic

Alphabet, 약칭 IPA)를 일반적으로 사용하고 있다. IPA는 국제음성자모, 국제음표문자 등으로도 불리는데 본서에서도 기본적으로 이에 따라 표기하도록 한다. 음성기호(音声記号)는 [ ] 안에 넣어서 표시하게 되어 있다.

1.3 단음의 종류

단음(単音)은 기준에 따라 다양한 분류가 가능하다. 하나의 단음이 만들어지기까지는 다양한 조음기관이 다양한 조음점(調音点)에서 다양한 형태로 작용하기 때문이다.

1.3.1 모음

모음(母音, vowel)은 성도 내의 인두(咽頭)나 구강(口腔)의 어느 부분에서 폐쇄나 저항 등 공기의 흐름에 방해를 받지 않고 만들어지는 단음(単音)으로 유성음(有声音)이다. 모음(母音)은 주로 혀의 위치, 개구도(開口度), 입술의 형태에 따라 분류한다.

◈ **혀** : 혀의 앞쪽에서 발음되는 것을 전설모음, 뒤쪽 방향에서 발음되는 것을 후설모음, 중간정도의 것을 중설모음이라고 한다. 또 설면(舌面)이 구개(口蓋)에 가까이 닿아 양자 사이가 좁혀지는 것을 협모음(狭母音=高母音), 구개(口蓋)로부터 크게 사이가 벌어져 있는 것을 광모음(広母音=低母音), 그 중간을 반협반광(半狭半広=半高半低) 모음이라고 한다.

◈ **입술** : 입술이 둥글게 되는 것을 원순모음(円唇母音), 옆으로 끌어 당겨지는 것을 비원순모음(非円唇母音)이라고 한다. 비원순모음을 한국어에서는 평순모음이라고도 한다. [i] [e]와 같이 입술을 동그랗게 하지 않는 모음이 비원순모음이고, [o] [u]와 같이 입술을 동그랗게 하여 발음하는 것이 원순모음이다.

◈ **기본모음** : 세계 여러 언어의 모음을 설명하기 위하여 혀의 위치를 기준으로 하여 기본모음 8개가 설정되어 있다. 기본모음을 설명하기 위해서는 다니엘 존즈에 의한 〈그림2〉의 기본모음도가 많이 쓰인다. 이 기본모음도는 어디까지나 실제 혀의 위치를 이해하기 쉬운 형태로 도식화한 것이다.

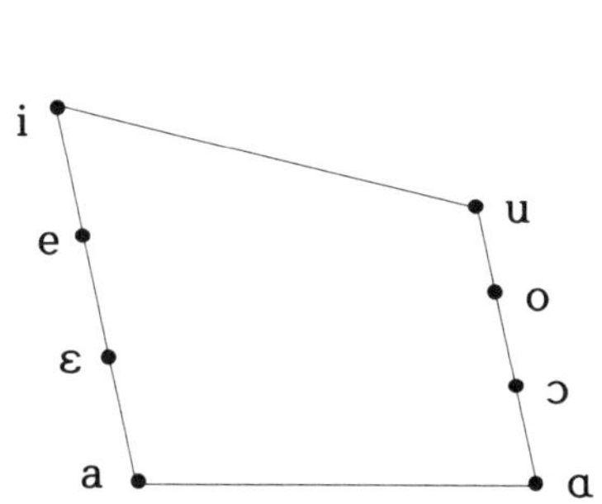

〈그림2〉 기본모음도

◈ **모음삼각형** : 〈그림3〉은 기본모음도를 응용하여 일본어의 모음 5개로 만든 모음삼각형이다. 일본어의 경우 [a]와 [ɑ]의 구분이 없기 때문에, 보다 단순화한 모음삼각형이 사용되는 것이다.

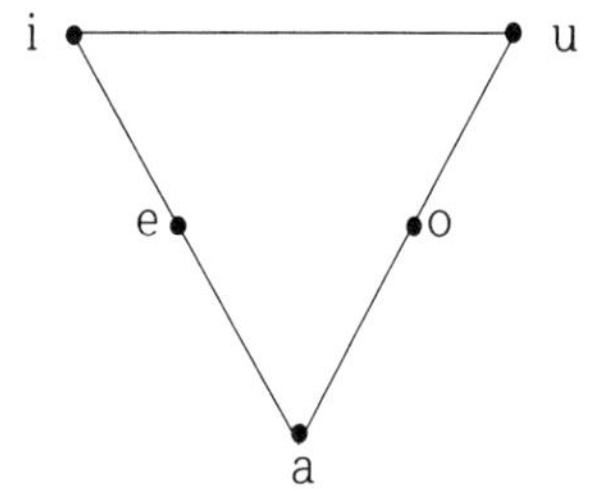

〈그림3〉 모음삼각형

◈ 일본어 모음의 조음법

[i] : イ 의 음. 비원순모음으로 입의 벌어진 정도는 넓지 않다.

[e] : エ 의 음. 비원순모음. 입의 벌어진 정도는 [i]와 [a]의 중간 정도이다.

[a] : ア 의 음. 비원순모음. 입의 벌어진 정도는 꽤 크다. 입을 크게 벌리면 입술이 둥그렇게 되기 때문에 원순모음이라고 할 수도 있지만, 입술을 동그랗게 오므리지 않기 때문에 일반적으로 원순모음에 넣지 않고 비원순모음에 넣는 경우가 많다. 반원순모음이라고 할 수도 있다.

[o] : オ 의 음. 원순모음. 입의 벌어진 정도는 [a]와 [u]의 중간정도이다.

[u] : ウ 의 음. 원순모음으로 발음하는 경우와 비원순모음으로 발음하는 경우가 있다. 입의 벌어진 정도는 좁다. 비원순성의 경우, IPA의 [u]와 상당히 다르기 때문에 [ɯ]로 나타내는 수도 있다 (ス[sɯ], ズ[zɯ] 등).

◈ **모음의 무성화** : 모음은 원래 유성음인데, 협모음 [i] [u]는 /p/ /t/ /s/ /k/ 등과 같은 무성자음의 사이나 어말 또는 문자

끝의 무성자음 뒤에서 성대진동을 하지 않고 입김만으로 발음되는 경우가 있다. 이것을 모음의 무성화(無声化)라고 한다.

예) スキ(好き), キシ(岸), クスリ(薬), マス, デス

1.3.2 자음

자음(子音, consonant)은 성도 내의 인두(咽頭)나 구강(口腔)의 어느 부분에서 폐쇄나 좁혀져서 발음되는 단음(単音)을 말한다. 일본어 자음의 조음법(調音法)과 조음점(調音点)을 〈표2〉를 참고하면서 살펴보도록 하자. 음성기호는 다음의 표보다 훨씬 복잡하게 표기할 수 있지만, 일본어의 일반적인 자음을 이해하는 데에는 이 표를 이해하면 충분하다고 할 수 있다.

〈표2〉 일본어의 자음

조음법＼조음점		양순음	치경음	치경경구개음	경구개음	연구개음	성문음
파열음	무성	p	t			k	ʔ
	유성	b	d			g	
마찰음	무성	ɸ	s	ʃ	ç		h
	유성		z	ʒ			
파찰음	무성		ts	ʧ			
	유성		dz	ʤ			
탄 음	유성		r				
비 음	유성	m	n			ŋ	

(1) **조음점(調音点)**

◈ **양순음(両唇音)** : 상하의 입술에 의해 만들어지는 소리.

◈ **치경음(歯茎音)** : 잇몸에서 만들어지는 소리. 잇몸과 혀끝, 또는 전설면에 의해서 소리가 만들어진다. 치경음을 치음(歯音)으로 취급하는 경우도 있으나, 치음은 영어 발음에서 볼 수 있는 [θ] [ð]를 나타내기 때문에 일본어에 치음은 없다고 볼 수 있다.

◈ **치경경구개음(歯茎硬口蓋音)** : 잇몸과 경구개와의 접점 근처에서 만들어지는 소리. 이 조음점과 전설면에 의해 조음이 일어난다.

◈ **경구개음(硬口蓋音)** : 경구개에서 만들어지는 소리로 경구개와 중설면에 의해 조음이 일어난다.

◈ **연구개음(軟口蓋音)** : 연구개에서 만들어지는 소리로 연구개와 후설면에 의해 음이 만들어진다.

◈ **성문음(声門音)** : 성문에서 소리가 만들어진다.

(2) **조음법(調音法)**

◈ **파열음(破裂音)** : 입술과 입술, 혀와 입천장 등이 만든 폐쇄를 날숨이 뚫고 나가면서 발음되는 소리이다. 폐쇄부분에 관점을 둘 경우에는 폐쇄음(閉鎖音)이라고 한다. 무성음과 유성음으로 나뉜다. 「パ, タ, カ」의 자음 [p], [t], [k] 등이 이에 속하는 무성음이고, 「バ, ダ, ガ」의 자음 [b], [d], [g] 등이 이에 속하는 유성음이다.

◈ **마찰음(摩擦音)** : 입술과 입술, 혀와 윗잇몸 등이 다가가서 좁혀진 곳을 날숨이 통과할 때 발음되는 소리이다. 무성음과 유성음으로 나뉜다. 「フ, サ, シ, ヒ, ハ」의 자음 [Φ], [s], [ʃ], [ç], [h]가 무성음이고, 모음과 모음 사이 즉 어중(語中)의 「ザ, ジ」의 자음 [z], [ʒ] 등이 유성음이다.

◈ **파찰음(破擦音)** : 파열 후 곧이어 대략 같은 곳에서 마찰이 일어나서 발음되는 소리로, 파열성과 마찰성을 동시에 겸해서 가지는 소리이다. 파찰음도 무성음과 유성음으로 구분할 수 있다. 「ツ, チ」의 자음 [ts] [ʧ]는 무성음이고, 「ズ, ジ」의 자음 [dz] [ʤ]는 유성음이다. 여기에서 [t] [d]는 파열성의 음이고 [s] [ʃ] [z] [ʒ]는 마찰성의 음인데, 이 두 음이 거의 동시에 생성되는 것이다.

◈ **탄음(弾き音)** : 혀끝이 잇몸의 언저리를 가볍게 튕겼을 때 발음되는 소리로 유성음이다. 「ラ」의 자음 [r]가 이에 속한다. 단, IPA의 [r]과 발음이 많이 다르기 때문에 [ɾ]로 표기하기도 한다. 유음(流音)이라고 하는 경우도 있다.

◈ **비음(鼻音)** : 입술과 입술, 혀와 입천장에 의한 폐쇄 등으로 인해 날숨이 비강을 통과할 때 발음되는 소리로 유성음이다. 「マ, ナ」의 자음 [m], [n], 「ガ」가 모음 사이에서 비탁음(鼻濁音)으로 발음되는 경우의 [ŋ] 및 「ン[N]」 등이 이에 속한다.

1.3.3 반모음

「ワ」나 「ヤ」행의 모음 앞부분에서 나타나는 [w]나 [j]를 반모음이라고 한다. 접근음이라고 불리기도 하고, 반모음(半母音) 혹은 반자음(半子音)이라 부르기도 한다. 또 「ワ」행 자음은 비원순의 연구개음이기도 하기 때문에 IPA의 원순음 [w]와 구별하기 위해 [ɰ]가 사용되어 연구개음에 넣는 경우도 있다.

1.3.4 구개화현상

오십음도 각 행의 자음의 발음에 있어서 「イ단」의 음은 다른 단의 발음과 약간의 차이를 나타낸다. 이것은 그 다음에 이어지는 전설모음 [i]의 영향을 받아 전설이 경구개를 향하여 끌어당겨지기 때문이다. 이 현상을 구개화현상(口蓋化現象)이라고 한다.

예를 들면 「キ」의 자음 [k]의 경우 모음 [i]의 영향으로 설면(舌面)이 경구개의 방향으로 강하게 끌어당겨진다. 이와 같은 현상은 「キ, ギ, シ, ジ, チ, ニ, ヒ, ビ, ミ, リ」 혹은 「キャ, ギャ, みゃ, ビゃ」 등의 자음에서도 넓게 찾아 볼 수 있다. 혀가 입천장 즉 구개 특히 경구개 쪽으로 끌어당겨지기 때문이다. 「カ·ク·ケ·コ」 등에 있어서도 [k]는 후접(後接)의 모음 [a] [u] [e] [o]의 영향을 받지만, 「キ·キャ」 등과 비교하면 영향을 받지 않는 것과 흡사하기 때문에 고려하지 않는다.

1.3.5 ガ행비탁음

「アイカギ(合鍵)」「カガミ(鏡)」 등에 있는 어두 이외의 「ガ行」자음은 파열음 [g]가 아닌, 비음 [ŋ]로 발음되는 수가 있다. 이와 같이 비음화한 「ガ行」음을 「ガ行鼻濁音(ガ행비탁음)」이라고 한다. 방송 등에서는 표준적인 발음으로 취급되고 있지만 이와 같은 방법으로 발음을 하지 않는 사람도 많고 특히 젊은 층에서는 어중의 「が行」을 비탁음으로 발음하지 않는 경우가 많다. 또한 「ガ행비탁음」을 표기상으로 나타낼 때는 「ガ·ギ·グ·ゲ·ゴ」와 구분하기 위하여 특별히 「カ°·キ°·ク°·ケ°·コ°」를 사용하는 경우도 있지만, 전문서적 이외에 사용하게 되면 이해하기 힘들 수도 있다.

2. 음운

음성은 살아 있는 인간이 발하는 살아 있는 음이다. 따라서 예를 들어 같은 사람이 두 번 [makura] (枕)라고 발음했을 경우 세밀한 부분까지 찾아보면 두 개의 [makura] 사이에는 음성상의 차이를 발견할 수 있다. 특히, 음성분석기를 사용하면 바로 알 수 있다. 또 「サンプン(三分)」, 「サンサツ(三冊)」, 「サンガツ(三月)」에 있어서의 각 「ン」의 발음은 실제로는 각각 [m] [n] [ŋ] 이다.

단, 두 개의 [makura](枕)는 같은 「베개」를 나타내고 있고, 가령 「サンプン」의 「ン」을 [n] 으로 발음했다 하여도 조금 이상하게 느끼기는 하더라도 의미의 차이를 발생시키지는 않는다.

그러나, [makura](枕)의 [m]를 [s]로 바꾸면 [sakura](桜)가 되고, [kasa](傘)의 앞 [a]를 [u]로 바꾸면 [kusa](草)가 된다. 이와 같이 음성에는 의미의 차이를 가져오는 것과 의미의 변별과는 관계가 없는 것이 있다는 것을 알 수 있다. 그리고 이 두 가지의 차이는 반드시 실질적인 발음이나 음성이라고 하는 구체적이고 물리적인 차이에 따른 것이 아니라는 것도 알 수 있다. 즉, 음성에 관해서는 구체적으로 소리 나는 음성이 있고, 그것과 관련되어 의미 변별(弁別)의 역할을 하는 추상적인 것이 있는 것이다.

이와 같이 의미 변별의 역할을 담당하는 추상적인 음의 최소단위를 음소(音素, phoneme)라고 부른다. 음소는 음성기호(音声記号)와 구별하기 위해 / / 으로 나타낸다. 문법이나 어휘, 음성 등과 같이 음소도 그 종류나 형태 등이 언어의 따라 많은 차이를 나타낸다.

이와 같은 음소를 연구하는 분야를 음소론(音素論, phonemics)이라고 하는데, 일반적으로는 음운론(音韻論, phonology)이라는 용어가 더 많이 쓰인다. 음소와 음운은 같은 것을 가리키고 있으나, 음소는 추상적인 음의 최소단위를 나타낼 때 주로 쓰고, 그것을 학문적으로 연구하는 분야에서는 음운론을 사용한다는 것이다.

음성학(音声学, phonetics)이 음성기관에 의해 만들어지는 각각의 구체적인 음성의 성격, 구조, 체계 등의 해명을 목적으로 하는 것에 비해, 음운론(음소론)은 의미의 변별에 관한 추상적인 레벨에 있는 음소의 성격, 구조, 체계 등을 그 연구대상으로 하고 있다.

단, 음성과 음운을 별개로 생각할 수는 없다. 의미의 전달에 관계하지 않은 음은 언어음성이 아니며 언어에 있어서 의미의 전달은 구체적인 음성을 통해서 이루어지기 때문이다. 따라서 의미를 파악할 때는 구체적인 음성의 관찰을 소홀히 할 수 없고 음성언어를 관찰하는 데에는 의미를 무시할 수 없다. 이와 같이 음성과 음소, 또는 음성학과 음운론은 서로 상부상조(相互扶助)의 관계에 있는 분야이다.

2.1 음소의 인정방법

의미의 변별에 관여하는 음소를 인정할 때의 기본적인 절차는 각 언어에서 공통적인 방법이 사용되고 있다.

① **최소대어(最小対語**, minimal pair)

: 어떤 언어에 있어서 단음(単音) 하나의 차이로 인해 의미가 달라지는 한 쌍의 단어를「최소대어」라고 한다. 이 최소대어를 찾아내어 의미의 차이를 가져오는 것이 각

각 음소(音素)가 된다. 예를 들어 [oka](丘)와 [aka](赤), [aka]와 [asa](朝)의 각 쌍의 최소대어로부터 /o/와 /a/, /k/와 /s/와 같이 네 개의 음소가 추출된다.

② 자유이음(自由異音)

: 음성적 환경이 동일한 상황 하에서는 서로 바꾸어 발음해도 의미의 차이는 생기지 않는 경우가 있다. 즉, 음소는 하나인데 유사한 여러 개의 이음(異音, allophone)이 있을 수 있는 것이다. 이와 같은 경우 그 각각의 발음을 자유이음(自由異音)이라 부르고, 자유이음은 동일음소에 속한다고 한다.

여기에서 이음이란 어떤 음소가 몇 가지의 다른 음성으로 나타날 때에 그 하나하나의 다른 음성을 가리킨다. 예를 들어 첫 번째에 아주 강한 [t]발음으로 「たから(宝)」를 발음하고 두 번째는 아주 보통의 발음으로 「たから」를 발음하더라도 어느 것이나 「보물」을 의미한다. 이 경우 두 개의 [t] 사이에 있는 차이는 의미의 변별에 관여하고 있지 않기 때문에 두 개의 음은 음소 /t/의 자유이음으로 간주한다.

강한 날숨(呼気)을 유기(有気), 보통의 것을 무기(無気)라고 하는데, 유기음(有気音)의 [kh]나 무기음(無気音)의 [k]나 일본어에 있어서는 의미의 변별에 관여하지 않기 때문에 [kh] 와 [k]는 /k/의 자유이음으로 인정된다는 것이다. 실질적으로 [k]음은 어두에서는 약간의 입김을 동반하고 어중에서는 무기로 발음하지만 이와 같은 차이도 의미의 변별에는 관여하지 않는다.

단, 한국어나 중국어와 같은 경우는 유기와 무기의 차이가 의미의 차이를 가져오기 때문에 양자는 다른 음소에 속한다. 예를 들어 한국어에서 「달」과 「탈」은 입김의 세기에 의해 뜻이 바뀌기 때문에 각각이 다른 음소가 되는 것이다. 「달」과 「딸」의 경우도 입김의 차이를 확실하게 느낄 수 있다. 필자는 어두의 「ㄱ, ㄷ, ㅂ, ㅈ」 발음을 반기음(半気音)으로 분류하고 있다.

③ 상보분포(相補分布)

: 음성적으로 유사한 두 개 이상의 단음이 서로 다른 환경 안에서만 나타나는 현상, 즉, 그 안의 어떤 음이 나타나는 곳에는 다른 어떤 음은 나타나지 않고, 반대로 어떤 음이 나타나지 않는 곳에 다른 어떤 음이 나타나는 현상을 상보분포(相補分布, complementary distribution)라고 한다. 상보분포의 상태에 있는 단음의 조합을 찾아서 그들의 단음은 동일 음소에 속한다고 한다.

예를 들어 [sammai](三枚), [sannen](三年), [saŋŋatsu](三月)의 경우 「ン」에 해당하는 [m] [n] [ŋ]은 비음(鼻音)이라는 점에서 닮아 있고, 후접의 음이 각각 [m] [n] [ŋ] 이라고 하는 환경에서 각각 [m] [n] [ŋ]이 나타나고 있다. 즉, 발음(発音)에 관하여 이 세 음은 상보분포를 이루고 있다. 이로부터 음소 /N/이 추출된다. 그리고 /N/의 구체적인 음성적인 결과가 이와 같은 세 가지 음으로 나타나는 것이다.

또 「ハ행」의 경우, 「ハ · ヒ · フ」의 자음 [h] [ç] [ɸ]는 모두 마찰음(摩擦音)이다. 그리고 일본어의 다섯 모음과의 결합에 있어서 [h]는 [a] [e] [o], [ç]는 [i], [ɸ]는 [u]의 앞에서 나타난다고 하는 형태로 상

보분포의 관계에 있다. 이로부터 음소 /h/를 세울 수 있게 된다. 이와 같은 상보분포를 이루는 각 단음을 조건이음(条件異音)이라 부른다.

2.2 일본어의 음소와 음성

위에서 살펴본 음소의 인정방법을 통해 일본어의 음소를 다음과 같이 정리할 수 있다. 총 23개의 음소로 구성되어 있다.

① **모음음소** 5 /i, e, a, o, u/
② **자음음소** 13 /p, b, t, d, c, k, g, s, z, h, r, m,n/
③ **반모음음소** 2 /j, w/
④ **특수음소** 3 /N, Q, R/

일본어에 있어서 음소와 음성과는 어떠한 관계에 있는지 좀 더 구체적으로 살펴보도록 하자. 일본어의 대표적인 음성을 음소를 중심으로 하여 정리해보면 다음과 같이 된다.

① 모음음소와 음성

/i/ : [i] イ단음의 모음
/e/ : [e] エ단음의 모음
/a/ : [a] ア단음의 모음
/o/ : [o] オ단음의 모음
/u/ : [u] ウ단음의 모음

② 자음음소와 음성

/p/ :무성양순파열음 [p] (パ・ピ・プ・ペ・ポ의 자음)
/b/ : 유성양순파열음 [b] (バ・ビ・ブ・ベ・ボ의 자음)
/t/ : 무성치경파열음 [t] (タ・テ・ト의 자음)
/d/ : 유성치경파열음 [d] (ダ・デ・ド의 자음)
/c/ : 무성치경파찰음 [ts] (ツ의 자음),
[ʧ] (チ・タ행 요음의 자음)
/k/ : 무성연구개파열음 [k] (カ・き・ク・ケ・コ의 자음)
/g/ : 유성연구개파열음 [g] [ŋ] (ガ・ギ・グ・ゲ・ゴ의 자음)
/s/ : 무성치경마찰음 [s] (サ・ス・セ・ソ의 자음)
무성치경경구개마찰음 [ʃ] (シ・サ행 요음의 자음)
/z/ : 유성치경마찰음 [z] (ザ・ズ・ゼ・ゾ의 자음)
유성치경파찰음 [dz] (ザ・ズ・ゼ・ゾ의 자음)
유성치경경구개마찰음 [ʒ] (ジ・ザ행 요음의 자음)
유성치경경구개파찰음 [dʒ] (ジ・ザ행 요음의 자음)
/h/ : 무성성문마찰음 [h] (ハ・ヘ・ホ의 자음)
무성경구개마찰음 [ç] (ヒ・ハ행 요음의 자음)
무성양순마찰음 [ɸ] (フ의 자음)
/r/ : 유성치경탄음 [r] (ラ・リ・ル・レ・ロ의 자음)
/m/ :양순비음 [m] (マ・ミ・ム・メ・モ의 자음)
/n/ :치경비음 [n] (ナ・ニ・ヌ・ネ・ノ의 자음)

③ 반모음음소와 음성

/j/ :유성경구개접근음 [j] (「ヤ행」의 자음이나 요음의

구개화에 대응하는 음소)

/w/ : 유성양순연구개접근음 [w] (ワ의 자음)

④ 특수음소와 음성

/N/ : 발음(撥音)「ン」. [m] [n] [ŋ] 외에 어말의「ン」에는 비음 [N]이 나타난다. 모음이 후접하면 비모음(鼻母音)이 된다. 이들은 상보분포를 이루고 있다.

/Q/ : 촉음(促音)「ッ」. 무성자음 [p] [t] [k] [s]음이 후접할 경우 그 자음의 입의 형태로 한 박자 분 시간을 경과시킨다. 원칙적으로 어중에 나타난다. 단, 강조형이나 외래어의 경우는 후접의 자음이 유성이어도 다음과 같이 촉음이 나타나는 경우가 있다.

「ベッド(bed)」「ウッド(wood)」「ブリッジ(bridge)」

/R/ : 한 박자분의 음성적 길이를 갖고 길게 발음되는 장음도 의미의 변별에 관여하기 때문에 특수음소로 인정한다. 음소 표기는 /R/로 하고 음성 표기는 IPA의 장음 표기인 [ː]으로 나타낸다.

예) 成功 /seRkoR/ [seːkoː]

2.3 음절과 박

우리가 일상생활을 할 때에「ヒト(人)/hito/, クマ(熊)/kuma/」라는 단어는,「ヒ」와「ト」,「ク」와「マ」각각 두 개의 소리로 이루어져 있고, 이와 같은 소리가 모여 단어와 문장을 만들고 있다고 이해한다. 이와 같이 한 언어를 사용하는 보통 사람들에 있어서 더 이상 짧게

나눌 수 없는 한 묶음의 음성을 「음절(音節, syllable)」이라고 한다.

그러나 발음(撥音), 촉음(促音), 장음(長音) 등을 파악하는 방법은 사람에 따라 꽤 달라진다. 예를 들어, 「ニッポン」의 경우 「ニ·ッ·ポ·ン, ニッ·ポ·ン, ニッ·ポン」 등 2~4음절의 단어로, 「ソウゾウ(想像)」의 경우 「ソウ·ゾウ, ソ·ウ·ゾ·ウ」와 같이 2음절이나 4음절로 분석되기도 한다. 이와 같이 음절에는 여러 가지 개념의 차이가 있을 수 있다.

음성적으로 촉음(促音) 「ッ」는 어중에만 나타나며 그래서 그것만으로 발음되는 경우는 없다. 또 보통 발음(撥音)도 어중에 있어 선행하는 모음과 연속적으로 발음된다. 장음(長音)도 앞의 음과 이어져서 발음되어 두 개로 나눠지지는 않는다. 그럼에도 불구하고 이들을 포함하여 4개로 나눠지거나 하는 것은 발음, 촉음, 장음의 시간적 길이가 「ニ, ポ, ソ, ゾ」 등과 거의 같은 데에 있다.

이와 같이 시간적 길이에 착목하여 일정한 음의 길이 즉 시간적 동시성(同時性)을 갖고 그 이상 세밀하게 나눠지지 않는 단위를 박(拍) 또는 모라(モーラ)라고 한다. 근래에는 이 박자의 개념이 일본어의 음운을 설명할 때 기본적인 단위의 하나로 널리 시도되고 있다.

가나 한 글자를 한 음절로 본 전통적인 방법은 여러 가지 편리한 점이 있고, 음성학적인 방법에 의한 박자의 개념 또한 논리적인 근거가 있어서 일장일단이 있다고 하겠다. 일반적인 개념으로는 전자가, 전문적인 개념에서는 후자가 더 설득력이 있는데, 본서에서는 기본적으로는 박자의 개념에 맞추도록 한다.

일본어에 있어서의 박의 구조는 다음과 같이 정리할 수 있다. C(consonant)는 자음음소, V(vowel)는 모음음소, S(semi- vowel)는 반모음음소를 각각 나타낸다.

① /V/ 모음음소(ア행음·장음)
② /CV/ 자음음소+모음음소(カ·ガ·サ·ザ행음 등)
③ /SV/ 반모음음소+모음음소(ヤ행음·ワ)
④ /CSV/ 자음음소+반모음음소+모음음소(요음)
⑤ /C/ 특수음소(촉음ッ, 발음ン)

일본어는 ②의 /CV/ 형태가 다수를 차지하고 있기 때문에 일본어의 박은 CV구조라고 불린다. 또한 모음의 발음이 입이 열린 상태로 끝나기 때문에 일본어의 음절을 개음절(開音節)이라고도 한다. 한편, 한국어는 받침이 많이 있기 때문에 CVC구조의 언어로 분류되며, 입이 닫히는 형태로 자음의 발음이 끝나는 경우가 많기 때문에 폐음절(閉音節)의 언어라고도 한다.

2.4 오십음도와의 관계 및 연탁음현상

전통적으로 일본어에 대한 연구는 오십음도(五十音図)에 근거하여 이루어져 왔다. 오십음도는 일본인에 있어서 매우 친숙하기도 하고, 일본어의 설명에도 매우 효과적이기 때문이다.

그러나 오십음도는 현대 언어학적인 음의 분류와 차이가 나는 부분도 있다. 특히 청음·탁음·반탁음에 대한 해석에 문제가 생길 수 있다.

오십음도에 나타나는 기본적인 글자를 일반적으로 청음(清音)이라고 하는데, 청음(清音)과 탁음(濁音)을 대비적으로 설명할 때에는 「カ·サ·タ·ハ」행의 음을 청음, 「ガ·ザ·ダ·バ」행을 탁음이라 부른다.

음성학적으로 보면 청음과 탁음은 대부분 무성음(無声音)과 유성음(有声音)의 대립이지만 「ハ·バ」행의 경우는 조음점과 조음법이 각각 전혀 다르다. 오히려 탁음 「バ」행과 소위 반탁음 「パ」행이 유성음과 무성음에 따른 정연한 대응관계를 갖는다. 반탁음(半濁音)이란 명칭 자체도 정확한 표현이 아니다. 「パ」행의 자음은 완전한 무성음이기 때문이다.

청음과 탁음의 개념에 있어서 두 단어가 연결되어 한 단어가 될 때, 즉 복합어가 될 때에 뒤에 오는 단어 첫머리의 청음이 탁음이 되는 경우가 있는데 이와 같은 현상을 연탁음현상(連濁音現象)이라고 한다. 예를 들면 「ゆき(雪)」에 「くに(国)」가 붙어서 「ゆきぐに(雪国)」가 되는 것과 같은 현상이다. 그러나 이것도 규칙적인 것은 아니어서, 어떤 경우에는 연탁음이 발생하지만 어떤 경우에는 발생하지 않는 등, 정연한 대응관계를 갖고 있는 것은 아니다. 연탁음현상이 발생한 복합어의 예는 다음과 같다.

【연탁음현상】

雪国 (ゆきぐに), 三日月 (みかづき), 字引 (じびき)
甘酒 (あまざけ), 雨靴 (あまぐつ), 日本橋 (にほんばし)
熊手 (くまで), 草花 (くさばな), 青空 (あおぞら)
朝顔 (あさがお), 生米 (なまごめ), 縦書き (たてがき)
長話 (ながばなし), 薄暗い (うすぐらい), 生酒 (なまざけ)

한편, 연성(連声 ; れんじょう)현상이라는 것이 있다. 연성현상이란 한자어에 있어서 앞부분의 마지막 자음이 뒷부분의 첫 번째 모음이나 반모음에 연결되어 그 자음이 다시 한 번 발음되는 현상을 말한다. 예를 들면 「反応」의 경우 각각의 음은 「はん」 「おう」인데, 「はん」의 마지막 음 [n]이 뒷부분 「お(o)」에 연결되면서 다시 한 번 [n]이 발음되어 [hanno:]로 발음되는 현상이다. 많지는 않지만 다음과 같은 예를 볼 수 있다.

【연성현상】

反応 (はん+おう＝なんのう) 観音 (かん+おん＝かんのん)
因縁 (いん+えん＝いんねん) 陰陽 (おん+よう＝おんみょう)
銀杏 (ぎん+あん＝ぎんなん) 三位 (さん+い＝さんみ)
天皇 (てん+おう＝てんのう) 安穏 (あん+おん＝あんのん)
輪廻 (りん+え＝りんね) 雪隠 (せつ+いん＝せっちん)
云々 (うん+うん＝うんぬん)

3. 악센트

각각의 단어와 구 등에는 사회적으로 높낮이나 강약 등이 정해져 있는데, 이와 같은 고저(高低) 또는 강약(強弱)의 상대적인 배치를 악센트(accent)라고 부른다.

예를 들어 가나로 표기할 때는 같은 「カキ」를 사용하여도 「柿(감)」를 나타낼 때는 뒷부분을 높여서 「カキ」 (밑줄 쳐진 음이 높은 부분)라고 발음하고, 「牡蛎(굴)」을 나타낼 때는 반대로 「カキ」라고 발음한다. 이와 같은 종류의 예들은 이 밖에도 존재한다.

ハシ (箸, 젓가락) ↔ ハシ (橋, 다리)
アキ (秋, 가을) ↔ アキ (飽き, 싫증)
アサ (朝, 아침) ↔ アサ (麻, 삼)
アメ (雨, 비) ↔ アメ (飴, 사탕)

악센트를 높낮이로 구분하는 것을 고저악센트(pitch accent)라고 한다. 일본어는 높은 박과 낮은 박이 잘 짜여서 형성되어 있기 때문에 일본어의 악센트는 고저악센트이다. 한편, 음의 세기에 따라 구분하는 악센트는 강약악센트(stress accent)라고 하는데, 영어가 이에 해당한다. 일반적인 악센트는 문자 표기상에 표시되어 있지는 않다.

공통어를 발음할 때는 이와 같은 악센트에 주의를 기울여야 되지만, 현대 일본어에서는 방언차가 특히 심하여 같은 단어가 방언에 따라 악센트가 바뀌는 경우가 있다는 점도 주목할 필요가 있다.

「箸」: 東京 ハシ → 京都 ハシ

「雨」: 東京 アメ → 京都 アメ
「石」: 東京 イシ → 京都 イシ

3.1 일본어 악센트의 특징

도쿄방언을 기준으로 할 때, 한 단어 안에는 반드시 고저의 변화가 있고, 높은 박 만으로 또는 낮은 박 만으로 형성된 단어는 없다. 고저의 배치에 대해서는 다음과 같은 규칙이 있다.

(1) 제1박과 제2박은 고저가 다르다. 즉, 1박이 높으면 2박 째는 낮고, 1박이 낮으면 2박 째는 높다.

(2) 한 단어 안에서 한번 낮아지면 다시는 높아지지 않는다. 즉, 높은 부분은 두 개로 나뉘어서 존재하지 않는다. 따라서, 1박 째가 높으면 그 다음 최종박까지 낮고, 1박 째가 낮으면 그 다음 최종박까지 높거나 아니면 도중에서 낮아져서 최종박까지 낮아진다.

◈ 악센트의 폭포

최종박이 높은 경우, 끝에 붙는 조사가 높게 발음되는 경우와 낮게 발음되는 경우가 있다. 이와 같이 후접하는 조사도 포함하여 높은 부분에서 낮은 부분으로 내려가는 곳을 악센트의 폭포(アクセントの滝)라고 한다. 이 악센트의 폭포의 유무와 위치가 그 말의 악센트 형태를 결정한다.

◈ 악센트의 핵

악센트의 폭포 직전에 있는 높은 박을 다음에 오는 박을 내리

는 기능을 가진 그 말의 핵이 있는 곳이라고 하여 악센트의 핵(アクセントの核)이라고 부른다. 악센트의 핵을 이용하면 두 개의 박에 걸쳐있는 악센트의 폭포에 의한 것보다도 다음의 표에서 보는 바와 같이 더욱 간단하게 악센트의 형태 분류를 할 수 있다.

〈표3〉 일본어 악센트의 종류

<table>
<tr><td>무핵</td><td>평판식</td><td colspan="2"></td><td>평판형</td><td>ともだち</td></tr>
<tr><td rowspan="3">유핵</td><td rowspan="3">기복식</td><td rowspan="3">핵의
위치</td><td>제1박</td><td>두고형</td><td>こうもり</td></tr>
<tr><td>제1박 · 최종박
이외</td><td>중고형</td><td>うぐいす
みずうみ</td></tr>
<tr><td>최종박</td><td>미고형</td><td>いもうと</td></tr>
</table>

3.2 악센트의 기능

일본어의 악센트에는 다음과 같은 두 가지의 기능이 있다. 양쪽 모두 의미전달에 기여하고 있지만, 동음이의어의 의미변별에 관계되어 있는 것은 전체적으로 보면 반드시 많지는 않다. 따라서 현대 일본어에서는 ②의 통사적인 기능이 악센트의 주된 기능이라고 할 수 있다.

① **변별적인 기능** : カキ(柿 ; 감) ↔ カキ(牡蛎 ; 굴), アキ(秋 ; 가을) ↔ アキ(飽き ; 싫증) 등에서 볼 수 있는 것처럼 말의 의미 차이를 나타내는 기능을 말한다.

② **통사적인 기능** : アカイ는「빨갛다」를 나타내는 것으로 악센트가 다른 동음이의어는 없다. 이 경우, 한마디 말에는 높은 부분이 하나 밖에 없다고 하는 특징으로부터, 악센트는 말을 구성하고 있는 하나하나의 음을 높은 곳을 중심으로 해서 종합함으로 인해 그 음의 연속이 일정한 의미를 가진 한 묶음이라는 것을 나타내는 기능을 갖고 있다고 할 수 있다. 이를 통사적인 기능(統語的な機能)이라고 한다.

3.3 인토네이션 · 프로미넌스

단어마다 고정되어 있는 악센트와는 별도로, 음성에 의한 커뮤니케이션에 있어서는 상황에 따른 음성의 고저 또는 강약 등도 관련되어 있다. 인토네이션과 프로미넌스가 이에 해당한다.

인토네이션(intonation)이란 문(文)에 덧붙여서 여러 가지 의미나 기분을 나타내는 음성의 오르내림을 말한다. 일반적으로, 인토네이션은 문의 끝에 나타나 단정, 의문, 의지, 경탄(驚嘆) 등을 나타낸다.

(1) 明日バイトに行く。 → 평판조
(2) 明日バイトに行く? ↗ 상승조
(3) 明日バイトに行く。 ↘ 하강조

(1)은 보통의 단정문이고 (2)는 의문문이다. 평판조의 단정문을 더 낮추거나 하여 (3)과 같은 일종의 감탄문을 만들 수도 있다.

한편, 프로미넌스(prominence)란 문의 일부분에 덧붙여 그것을 강조하는 음성적인 세짐과 높음 등을 말하는데, 탁립(卓立)이라고도 한다. 요즘에는 주로 프로미넌스라는 용어가 많이 사용된다. 악센트가 한 단어에 정해진 고유한 높낮이 또는 강약을 말한다면 프로미넌스는 그때그때의 상황에 따라 강조하고자 하는 부분이 바뀌는 것을 가리킨다.

(1) a) いつ日本に行くの？ (언제 일본에 갈거야?)
b) 明日日本に行くよ。 (내일 일본에 갈거야.)
(2) a) 明日どこに行くの？ (내일 어디에 갈거야?)
b) 明日日本に行くよ。 (내일 일본에 갈거야.)

(1)의 경우 「언제(イツ)」일본에 갈 것인가에 대해 「내일(アシタ)」이 강조된 표현이며, (2)의 경우 내일 「어디(ドコ)」에 갈 것인가에 대해 「일본(ニホン)」이 강조된 표현이다.

이와 같은 프로미넌스는 의사전달에 있어서 매우 중요한 개념으로 아나운서 교육 등에서 특히 강조되는 부분이기도 하다.

이 밖에 프로소디라는 개념이 있다. 프로소디(prosody)는 「운율(韻律)」로 번역되기도 하는데, 발화할 때 나타나는 음성학적인 성질을 말하는 것으로 음의 높이, 세기, 길이, 속도, 포즈, 리듬 등을 포함한다. 이들은 문맥에 의해 변화하는 것이기 때문에 어떤 언어에 정해져 있는 악센트로서의 높낮이나 강약과는 다른 개념이다.

제3장
문자와 표기

1. 문자의 종류

문자(文字)는 언어를 기록하기 위한 수단이다. 문자가 없으면 언어의 기록은 기본적으로 불가능하게 된다. 요즘에는 음성(音声)이나 영상(映像)을 기록하는 기술이 발달되어 언어를 기록하는 방법이 다양화하게 되었지만, 그래도 문자가 기록과 전달에 있어서 중요한 수단이라는 것에는 변함이 없다. 문자에 의해 대량의 정보를 정확하고 확실하게 기록하고 전달하며, 보존하고 전승(伝承)할 수 있게 되는 것이다.

현재 일본어에서는 한자(漢字), 히라가나(ひらがな), 가타카나(カタカナ)가 기본적인 문자로 사용되고 있고, 거기에 로마자, 아라비아 숫자, 그리스 문자(α, β, γ 등)가 보조적으로 사용되고 있다. 한 언어를 표기하는데 이와 같이 많은 문자를 사용하는 것은 특징적이라 할 수 있다.

예를 들어 디지털사전인『デジタル大辞泉』의「アルファ (A／α／alpha)」에 대한 해설의 일부를 보면 다음과 같이 한자, 히라가나, 가타카나, 아라비아 숫자, 그리스문자, 로마자 등이 모두 쓰이고 있음을 알 수 있다.

1 〈A·α〉ギリシャ語アルファベットの第1字。

(〈A·α〉그리스문자의 첫 글자)

2 物事の最初。「アルファからオメガまで」

(일의 시초.「알파에서 오메가까지」)

본장에서는, 일본어에 있어서의 문자(文字)와 표기(表記)를 한자(漢字)와 한자어(漢字語)의 실태를 중심으로 개설하고자 한다. 또한, 일본의 새로운 상용한자(常用漢字)와 교육한자에 대해서도 살펴본다.

1.1 표음문자와 표의문자

문자를 분류하는 방법에는 여러 가지가 있는데, 전통적으로 쓰여온 방법 중에 표음문자(表音文字)와 표의문자(表意文字)로 나누는 방식이 있다.

음을 나타내는 문자가 표음문자인데 음표문자(音標文字)라고도 한다. 하나의 문자로 음소 또는 음절을 나타내는 문자 체계를 말한다. 영어의 알파벳을 비롯하여 한국어의 한글이나 일본어의 가나가 표음문자에 속한다.

표의문자는 하나하나의 문자가 뜻을 나타내는 문자를 말하는데, 대표적으로 한자(漢字)를 들 수 있다. 또한 하나하나의 문자가 단어나 형태소를 나타내는 문자를 표어문자(表語文字)라고도 하는데, 이런 의미에서 한자를 표어문자라고 하는 경우도 있다.

1.2 음소문자와 음절문자

주로 표음문자에서 하위분류할 때 사용하는 개념이다. 문자 하나하나가 어떠한 언어적 단위를 나타내는가를 기준으로 음소문자(音素文字)와 음절문자(音節文字)로 나눈다.

음소문자는 원칙적으로 한 문자가 하나의 음소를 나타낸다. 단음문자라고 하는 경우도 있다. 문자의 형태가 비교적 단순하고 자모수(字母数)가 적다. 알파벳이나 한글을 대표적으로 들 수 있다. 단, 한글은 자모가 각각 음소를 나타내고 있기 때문에 기본적으로 음소문자이지만, 실질적으로 표기를 할 때는 음절 단위로 표기가 되기 때문에 음절문자의 성질도 내포하고 있다고 볼 수 있다. 즉, 「ㅎ」「ㅏ」「ㄴ」「ㄱ」「ㅡ」「ㄹ」은 각각 음소이지만, 이들이 결합하여 사용되는 「한」「글」은 음절이다.

음절문자는 원칙적으로 한 글자가 하나의 음절을 나타내는 문자이다. 음소문자보다는 자모수가 약간 많아진다. 가나문자가 대표적인 음절문자이다.

2. 한자와 가나

2.1 한자의 성립

언어를 가지지 않은 민족은 없지만 고유의 문자를 만들지 않은 언어와 민족은 매우 많다. 일본어의 경우는, 한자를 차용(借用)함으로서 처음으로 문자를 사용하게 되었다.

한자는 사물의 형태나 추상적인 개념을 기호화한 문자를 기본으로 하여, 그들을 조합하거나 전용(転用)하거나 하여 발달하였다. 기본적으로 상형문자 지사문자 회의문자 형성문자라는 네 가지 방법에 의해 만들어졌다. 예로부터 중국에서 사용한 한자구성의 방법은 다음의 여섯 가지를 통틀어서 육서(六書 ; りくしょ)로 설명되어 왔으나, 가차문자와 전주문자는 숫자도 많지 않고 후차적인 문자이기 때문에 학교교육에서는 위의 네 가지 구성법으로 제시하기도 한다.

① **상형문자(象形文字 ; しょうけいもじ)** : 현실에서 볼 수 있는 형상을 기호화하여 나타낸 문자를 말한다. 예를 들면,「水」「雨」「木」「日」「月」「山」「川」「鳥」「馬」 등이 있다.

② **지사문자(指事文字 ; しじもじ)** : 형상을 가지지 않은 추상적인 개념을 도형화하고 기호화하여 나타낸 문자를 말한다. 예를 들면,「一」「二」「三」「上」「下」 등이 있다.

③ **회의문자(会意文字 ; かいいもじ)** : 두 개 또는 세 개의 문자를 조합하여 한 글자로 나타낸 문자를 말한다. 예를 들면「休」

「集」「好」「明」「信」「林」「森」 등이 있다.

④ **형성문자(形声文字 ; けいせいもじ)** : 음을 나타내는 문자와 뜻을 나타내는 문자로 구성된 한자를 말한다 「梅」「江」「結」「洋」「清」「情」「精」 등, 한자의 70~80%는 이 형성문자로 구성되어 있다.

⑤ **가차문자(仮借文字 ; かしゃもじ)** : 원래 있던 문자를 본래의 의미와 관계없이 같은 음의 단어, 또는 유사한 음의 단어로 사용하게 된 문자를 말한다. 「戈(ほこ ; 창)」의 일종인 상형문자 「我」를 일인칭대명사로 사용하는 것과 같은 종류이다.

⑥ **전주문자(転注文字 ; てんちゅうもじ)** : 원래 있던 문자를 의미상 관련이 있는 다른 문자로 사용하게 된 것을 말한다. 원래, 음악을 나타내는 「악(楽;ガク)」을 「즐겁다」는 뜻의 「락(楽;ラク)」으로 사용하는 등의 예를 볼 수 있다.

상형문자와 지사문자가 원래적인 구성법이라 할 수 있고, 회의문자와 형성문자가 2차적인 구성법, 가차문자와 전주문자가 응용에 의한 구성법이라고 할 수 있다. 이와 같은 한자를 사용하는 중국어는 단음절성과 고립어성을 그 특징으로 하고 있다.

2.2 한자의 전래와 한자에 대한 인식

일본에 있어서의 한자(漢字)의 전래와 한자에 대한 인식부터 보도록 하자. 일본어가 처음으로 한자와 접한 시기에 대해서는 1세기 또는 그 이전으로 추정되는 경우도 있지만, 일반적으로 한자가 일본에 전래되게 된 것은 4세기 후반 한반도를 통해서였다고 알려져 있다.

물론, 그 이후에는 한반도를 통하지 않고 중국대륙에서 직접 전해진 한자도 있었을 것이다. 이는 견수사(遣随使 ; 7세기에 일본의 야마토정권에서 중국의 수나라에 3~6회 파견된 사절)나 견당사(遣唐使 ; 7세기에서 9세기에 걸쳐 일본에서 중국의 당나라에 십 수회 파견된 공식 사절)의 파견을 통해 한자가 전해진 사실이나, 일본어의 한자가 중국의 각 시대에 따라 읽기가 달라지는 등의 사정을 통해 알 수가 있다.

일본에 최초로 전래된 한자가 천자문(千字文)이라고 인식하고 있는 경우도 있다. 예를 들면 사토(佐藤, 1982:47)는 「『古事記』(712년)의 応神(おうじん)천황의 기록에 백제에서 和邇吉師(わにきし)라는 사람이 도래하여 『論語』와 『千字文』을 바쳤다고 되어 있는데, 이것이 한자한문 전래의 최초로 여겨진다」라고 기술하고 있다. 이 글 중의 「和邇(わに)」는 「王仁(わに)」와 마찬가지로 「わに」로 읽고 있어 동일 인물로 간주된다.

천자문은 백제의 사절인 왕인(王仁)이 전한 것으로 알려져 있는 것은 사실이다. 그러나 천자문은 520년경에 만들어졌고, 따라서 천자문이 일본에 최초로 전해진 한자는 아니라고 봐야 할 것이다. 물론, 한자의 기원은 이보다 훨씬 오래되어, 다마무라(玉村, 1992:160)에 의하면, 기원전 3000년 이전의 신석기시대에 한자는 이미 만들어져 있었다.

일본에서는 메이지유신(明治維新, 1868년)을 전후하여 한때 한자폐지론(漢字廃止論)이 일기도 하였다. 예를 들면 1872년(明治5년)에 학제(学制)를 시행함에 임하여 후쿠자와유키치(福沢諭吉)는 서서히 한자를 폐지하고 가나를 사용해야 된다고 주장하였다.

그러나 현재, 한자 없는 생활은 생각할 수 없을 정도로 일본사회에 있어서 한자는 필요불가결한 문자가 되었다. 중국, 대만, 홍콩, 한국, 일본, 북한, 베트남 등을 한자문화권(漢字文化圈)이라 칭할 때, 종주국(宗主国)을 제외하면 일본에 있어서의 한자가 가장 확고한 위치를 차지하고 있다고 할 수 있을 것이다.

그러면 한자가 실제로 그것을 사용하는 일본인에게 어떻게 인식되어 있는지 일본 문화청(文化庁, 2010)의 조사 결과를 토대로 살펴보도록 하자. 6,730명에게 복수응답을 하게 한 조사에서, 「일본어의 표기에 없어서는 안 되는 소중한 문자이다」라는 의견이 72.4%로 가장 높다. 이는 문화청에서 똑같은 문항으로 조사한 2005년의 결과 70.9% 및 1999년의 결과 72.8%와 거의 비슷하다. 한자의 중요성(重要性)을 대부분 인정하고 있는 것이다.

다음으로 「한자를 보면 바로 의미를 알 수 있기 때문에 편리하다」라는 편리성(便利性)에의 의견이 60.1%(2005년 58.3%, 1999년 61.7%), 「워드프로세서 등이 있어도 한자 학습은 확실히 해야 한다」라는 한자학습의 필요성(必要性)을 인정하는 의견이 52.5%(2005년 56.6%, 1999년 52.0%)이다. 선택지 중에서, 긍정적인 의견이 대부분 상위를 차지하고 있음을 알 수 있다.

이에 비하여 반대의 의견은 1할을 넘지 않는다. 「일본어의 표기를 어렵게 하고 있는 문자이다」가 8.8%(2005년 9.2%, 1999년 12.2%), 「워드프로세서 등이 있기 때문에 앞으로는 한자를 쓸 필요가 적어진다」라는 의견이 7.9%(2005년 5.7%, 1999년 9.3%), 「한자를 기억하는 것은 힘드니까 가능한 한 사용하지 않는 것이 좋다」라는 의견이 3.3%(2005년 3.5%, 1999년 3.7%)로 나타났다.

대부분의 일본인이 한자의 중요성을 인정하고는 있지만, 실질적으로 자신의 한자 사용에 대해서는 부담으로 작용하고 있는 것도 확인할 수 있다. 「한자의 사용법에 대해서는 별로 자신이 없다」라는 의견이 28.7%로 나타난 것이다. 그러나 이것을 4할이 넘었던 2005년(41.3%)과 1999년(42.4%)의 결과와 비교하면 13% 정도 감소한 사실을 확인할 수 있다. 이에 비하여 「한자의 사용법에 대해서는 상당히 자신이 있다」라는 의견은 13.1%로 나타나, 2005년의 8.2%에 비하여 5% 정도 증가하고 있다. 1999년의 조사에서는 11.9%가 자신감을 피력했다. 조금은 한자에 자신감을 갖고 있다는 의미로 해석할 수 있겠지만, 전체적인 수치로 보면 한자라는 것이 일본인에게 있어서 역시 많은 부담으로 작용하고 있다는 것을 엿볼 수 있는 결과이다.

2.3 일본어에의 적용

일본어가 처음으로 한자와 접한 시기에 대해서는 여러 가지 설이 있지만, 한자와의 접촉이 즉시 문자의 획득을 의미하는 것은 아니다. 한자를 이용해 그런대로 일본어를 기록하게 된 것은 6세기경에 천자문(千字文)이 전래된 이후라고 봐야 할 것이다.

그러나 한자(漢字)는 원래 중국어를 써서 나타내기 위해 만들어진 문자이다. 따라서 원래부터 일본어를 표기하는데 적합한 문자였다고 할 수는 없다.

그런데 일본인은 외래문자인 한자로 일본어를 표기하는데 대단한 적용력을 발휘한다. 예를 들어 일단 한자를 중국어식으로 그대로 읽고 한자어를 나타냈다. 이것이 한자의 「음(音)」이다. 이와 함께 고유의 일본어를 결합시켜 한자를 직접 일본어로 읽고 또 그것으로 일본어 자체를 나타냈다. 이것이 「훈(訓)」이다.

여기에 그치지 않고 표음적 용법을 발달시켜 가나를 낳았다. 이러한 「음」이나 「훈」을 기초로 자유롭게 쓰고 읽을 수 있는 지금과 같은 가나를 만들어 낸 것이다.

어원적으로 가나(仮名)는 「빌려온 글자」라는 뜻이다. 즉 한자를 변형하여 사용한 글자라는 뜻으로 이름이 붙여져 있다. 이는 당시에 한자를 「마나(真名)」 즉 원래의 글자라는 뜻으로 표현한 것과 대비하여 사용된 용어이다. 물론 지금의 일본인에게 있어 가나는 이상과 같은 과정과는 상관없이 단순히 일본어를 표기하는 문자의 이름으로 인식되어 있다.

2.4 가나의 성립

2.4.1 만요가나

일본어의 문자를 표기하는 방법은 한자 도입 후에 비교적 빨리 갖추어졌다. 한자를 가지고 일본어를 기록하는 방법을 터득한 것이다. 현재는 일체 「훈」에 의하지 않고 일본어를 기록하는 것은 사실상 불가능하다고 해도 과언이 아니다.

그러나, 훈이라고 하는 것도 모든 어형(語形)까지 전부 기록할 수는 없다. 문법형식으로 사용되는 활용어미나 조사, 조동사 또는 고유명사 등을 훈으로 나타낼 수는 없는 것이기 때문이다. 이와 같은 어형의 표시는 아무래도 소리에 의지하지 않을 수 없게 되는 것이다.

그리하여 한자의 표음적 용법이 발달하게 된다. 한자의 뜻과는 상관없이 오로지 일본어의 소리를 한자로 표현하는 방법이다. 이와 같은 표기방식으로 시작하여, 이윽고 가나로서의 용법을 확립하게 된다. 가나(仮名;かな)는 「かりな」의 음편형 「かんな」에서 축약된 것인데, 글자의 형태는 한자(漢字)인 채로 용법을 표음으로 한정하는 방법이 성립하게 되는 것이다.

나라시대(奈良時代, 710~784)에 편집된 『万葉集』(まんようしゅう)에서 주로 사용된 이와 같은 방식을 「真仮名(まがな)」라고 하는데, 일반적으로는 만요가나(万葉仮名;まんようがな)라고 부른다. 만요가나에는 직접, 간접으로 중국어음을 사용한 음가나(音仮名)와 훈을 이용한 훈가나(訓仮名)가 있는데, 역시 기본이 되는 것은 음가나이다. 훈가나도 사용되고 있었으나, 음가나에 비하면 그 사용이 명백하게 한정되어 있었다.

2.4.2 히라가나와 가타카나

헤이안시대(平安時代, 794~1192)에 들어서면 만요가나를 모체로 한, 두 개의 매우 흡사한 음절문자, 즉 히라가나(平仮名)와 가타카나(片仮名)가 생겨난다. 일본어에 있어서 같은 시기에 비슷한 문자 체계를 두 개나 만들어서 사용하게 된 것은 용도에 따라 구분하여 사용하였던 것에서 그 이유를 찾아볼 수 있다.

히라가나(平仮名)는 『万葉集』에서 엿볼 수 있는 다양성이 풍부한 만요가나가 점차 실용적인 표기로 정착해 가면서 헤이안시대 초기 귀족사회에 계승되어 일상적 표기방법에 사용되게 된다. 이때에 주로 사용된 필체인 초서체(草書体)에서 히라가나가 성립하였다.

히라가나(平仮名)는 평이한 가나라는 뜻인데, 헤이안시대에는 단순히 「かんな」 또는 「かな」라고 하였다.

한자를 「おとこもじ(男文字)」「おとこで(男手)」라고 하는 것에 비하여, 「おんなもじ(女文字)」「おんなで(女手)」라고도 불렸다. 필체가 간략화해 가는 과정에서는, 그때까지도 한자의 초서체에 근접한 「草仮名(そうがな)」와 원래의 자체에서 많이 변화된 「かんな」가 병행되어 사용되었다. 히라가나는 원래의 글자가 그대로 초서로 쓰인 것이어서 대단히 유연해 보인다. 그리고 시간이 지나면서 더욱 그 자체가 세련되게 된다.

가타카나는 훈독에 필요한 여러 가지 내용을 한문의 행간(行間)에 써 넣기 위한 문자로서, 역시 헤이안시대 초기의 승려 사회에서 발달되었다. 불가(仏家)에서 한문을 훈독하기 위해 원문에 덧붙인 문자나 부호인 훈점(訓点)이 필요할 때에 좁은 여백에 빠르게 기록이 가능한 간편한 문자가 필요하게 된 것이다. 초기에는 자체의 통일성에도 문제가 많이 발생하였으나, 가타카나 자체가 점차 사회적 통용성을 가지게 되었고 자체도 통일되기에 이른다.

가타카나의 경우에는 아름다움이나 변화보다는 실용성이 중시되었다. 또한 완전하지 못하다는 뜻의 명칭이 암시하는 것처럼 자획을 생략하는 방법을 취하고 있다. 따라서 히라가나가 곡선적이고 우아한 것에 비하여 가타카나는 직선적이고 딱딱한 느낌이다.

이와 같은 특징을 반영한 히라가나계의 문헌과 가타카나계의 문헌의 종류에도 차이가 있다. 히라가나계 문헌으로는 문학작품 등이 대표적이고, 가타카나계 문헌으로는 훈점자료가 대표적인 문헌이다. 이처럼 표의문자인 한자에서 표음적 용법으로서의 만요가나로 발전하고 거기에서 다시 히라가나와 가타카나로의 변화에는 연속성이 존재한다.

만요가나의 발생은 효율성에만 의미가 있는 것이 아니다. 한자와는 다른 표기방식의 발생이 이후의 문자사용의 효율을 비약적으로 높이고 있는 것이다. 현재의 표기양식에 있어서도 히라가나와 가타카나가 각각 독자적인 역할과 기능을 담당하고 있다.

히라가나의 자원이 되는 한자를 일본의 「小学校令施行規則第一号表」에 의하여 나타내면 다음과 같다.

平仮名の字源

行 段	あ	か	さ	た	な	は	ま	や	ら	わ	
あ	あ 安	か 加	さ 左	た 太	な 奈	は 波	ま 末	や 也	ら 良	わ 和	ん 无
い	い 以	き 幾	し 之	ち 知	に 仁	ひ 比	み 美		り 利	ゐ 為	
う	う 宇	く 久	す 寸	つ 川	ぬ 奴	ふ 不	む 武	ゆ 由	る 留		
え	え 衣	け 計	せ 世	て 天	ね 祢	へ 部	め 女		れ 礼	ゑ 恵	
お	お 於	こ 己	そ 曾	と 止	の 乃	ほ 保	も 毛	よ 与	ろ 呂	を 遠	

가타카나의 자원이 된 한자는 다음과 같다. 원래 한자의 일부분이거나 전체를 사용한 경우도 있다.

片仮名の字源

行 / 段	ア	カ	サ	タ	ナ	ハ	マ	ヤ	ラ	ワ	
ア	ア 阿	カ 加	サ 散	タ 多	ナ 奈	ハ 八	マ 末	ヤ 也	ラ 良	ワ 和	ン 尓
イ	イ 伊	キ 機	シ 之	チ 千	ニ 仁	ヒ 比	ミ 三		リ 利	ヰ 井	
ウ	ウ 宇	ク 久	ス 須	ツ 川	ヌ 奴	フ 不	ム 牟	ユ 由	ル 流		
エ	エ 江	ケ 介	セ 世	テ 宇	ネ 祢	ヘ 部	メ 女		レ 礼	ヱ 恵	
オ	オ 於	コ 己	ソ 曾	ト 止	ノ 乃	ホ 保	モ 毛	ヨ 與	ロ 呂	オ 乎	

위의 히라가나와 가타카나의 자원을 보면 같은 한자를 가지고 히라가나와 가타카나의 양쪽 문자를 만들고 있는 경우도 있음을 알 수 있다. 예를 들면 「宇(う·ウ) 於(お·オ) 久(く·ク) 己(こ·コ)」 등이다.

いろはうた (以呂波歌)

이와 같은 과정을 거쳐 완성된 가나를 보급하기 위해 「이로하우타(いろはうた；以呂波歌)」라는 것이 보급되었다. 「이로하우타」는 같은 가나를 반복하지 않고 「七五調」의 운율로 만든 가나 47자로 된 일종의 시가(詩歌)이다. 전문(全文)을 그 뜻에 따라 한자를 대입시켜, 탁점(濁点)을 더하여 보이면 다음과 같다. 1079년경, 구카이(空海；弘法大師) 작품설 등 여러 설이 있으나 확실하지는 않다.

色はにほへど　散りぬるを　我が世誰ぞ　常ならむ
有為の奥山　今日越えて　浅き夢見じ　酔(ゑ)ひもせず

(아름다운 꽃은 향기롭지만 언젠가는 지는 것이로고
우리가 사는 이 세상도 그 누가 영원하리오
덧없는 인생의 험준한 산을 오늘도 넘어가느니
헛된 꿈을 꾸지도 말고 취하지도 말지어다)

이로하우타는 학습용 교본에 많이 쓰이게 되었고, 그 배열 순서는 「いろは順」이라고 하여 이 또한 널리 사용되게 되었다. 이로 인해 어떤 일에 대한 초보의 뜻으로 현재까지도 「이로하」가 사용되고 있다.

2.4.3 히라가나문과 가타카나문

문자는 언어를 표기하는 도구이기 때문에 그것을 사용하는 방법을 모르면 활용할 수 없다. 어떻게 쓰는가 하는 방법이 없다면 언어는 기록할 수 없게 되는 것이다. 문자의 발명은 동시에 그러한 방법의 발명이고 문자의 차용은 언어를 기록하는 방법의 차용을 의미한다.

한자와 더불어 일본어에 차용되었던 유일한 표기방법이 한문(漢文)이었다. 그러나 한문을 쓴다고 하는 것은 중국어의 문자와 어휘 그리고 문법까지도 빌려서 쓰는 것을 의미한다. 자유로이 일본어를 묘사하기 위해서는 한문에서 해방된 전혀 새로운 방법이 필요하게 된 것이다. 한문이라고 하는 방식은 역시 중국어를 위한 것이기 때문이다.

이와 같은 연유로 일본어는 한자의 표의적 용법과 가나의 표음적 방법에 의한 새로운 방식을 발달시키게 된다. 이것이 만요가나에서 히라가나와 가타카나로의 발전이다.

헤이안시대에 만들어진 히라가나와 가타카나는 독특한 기록양식을 발달시켰다. 문자의 종류에 따른 역할분화도 저절로 생기게 된다. 즉, 한문 속의 어구는 한자로, 일본어의 활용어미나 조사, 조동사 등은 가나로 표기하는 방식이 널리 사용되게 되었다.

한자와 가나의 자연스런 역할분화가 생겨난 것이다. 히라가나·가타카나가 한자를 대신하기 위해 만들어진 것이 아니기 때문에 필연적으로 한자와 가나가 혼용되는 비율이 증가하게 되었다고 볼 수 있다. 히라가나문과 가타카나문은 결국 현재와 같은 한자와 가나의 구분 사용 즉 단어의 실질적 의미에는 한자를 쓰고, 그 외는 가나가 맡는 방식에 이르게 된다.

현재와 같은 표기방식은 이와 같은 여러 가지의 과정을 거쳐 마침내 도달하게 되었다는 것을 이해할 수 있다. 오쿠리가나(送り仮名), 한자의 음훈, 가나사용법 등에 관한 정책적인 면도 이상과 같은 역사의 연장선상에서 종합적으로 고려되고 있는 것이다.

3. 가나사용법

3.1 데이카가나사용법

가나사용법(仮名遣い)이란 가나를 어떻게 표기할 것인가의 문제이다. 어떤 단어에 대하여 여러 개의 가나표기법이 있을 때에 어느 쪽을 사용할 것인가에 대한 규범을 가리킨다.

가나사용법이 필요하게 되는 이유는 음운변화가 진행되어 가나의 체계나 용법과 발음과의 관계에 차이가 생기기 때문이다. 예를 들면 「お」와 「を」의 경우, 「o」를 나타낸 「お」와 「wo」를 나타낸 「を」사이에 혼란이 생겨서 뒤섞여 쓰이는 일도 자주 발생하였다.

이러한 가나나 철자법을 일정의 원칙이나 기준에 기초를 두고 구분하여 사용하려고 하는 것이 가나사용법이다. 일상생활에서는 어느 정도의 혼란이 허용되더라도 특정한 목적에 따라 가나를 용도에 맞게 쓸 필요성이 있는 것이다.

후지와라데이카(藤原定家, 1162~1241)는 이와 같은 점에 주목했다. 그때까지 전해지던 여러 서적의 본문을 정정하고 기록할 때에, 데이카(定家)는 독특한 문자사용법을 실천하고 있다. 오독(誤読)이나 오기(誤記)를 줄이고 바른 본문을 기록하기 위해 자신이 경험적으로 익힌 가나사용법을 기본으로 하여 여기에 연구를 더해 유연한 문자사용법을 제시하고 있는 것이다.

데이카(定家)의 가나사용법은 데이카 이후에도 널리 중시되어 「데이카가나사용법(定家仮名遣い)」이라는 이름으로 불리며 규범적인 가나사용법으로 사용되었다.

3.2 역사적가나사용법

「데이카가나사용법(定家仮名遣い)」은 문헌상의 근거가 부족하였기 때문에 과거의 표기에 모순되는 예를 꽤 포함하고 있었다. 이러한 사실을 비판하고 문헌상의 근거를 존중한 복고적 가나사용법을 주장한 것이 게이츄(契沖, 1640~1701)이다. 게이츄(契沖)는 『古事記』『日本書紀』『万葉集』 등, 헤이안시대 초기에서 중기 이전의 문헌에 가능한 한 증거를 제시한 가나사용법을 보여주고 있다.

게이츄(契沖)의 가나사용법은 문헌상의 근거를 중시하기는 하였지만 모든 근거를 제시할 수 없는 한계에 부딪치면서 모순을 나타내기도 하였다. 게이츄의 입장에서 보면 문헌적 근거의 확보가 어려웠던 단어는 오류를 피하기 어려웠을 것이다.

그러한 문제점이 있기는 하지만, 게이츄(契沖)의 가나사용법은 이후 여러 서적에 의해 보완되면서 「역사적가나사용법(歴史的仮名遣い)」이라는 이름으로 알려지면서 표기법에 지대한 영향을 끼치게 된다.

3.3 현대가나사용법

표기법에 있어서 현행의 가나사용이 근거로 하고 있는 것은 1986년에 내각 고시된 「현대가나사용법(現代仮名遣い)」이다. 이것은 1946년의 「현대가나사용법(現代かなづかい)」을 개정한 것인데 가나사용법 그 자체에 큰 변화가 있는 것은 아니다. 「현대가나사용법(現代かなづ

かい)」은 전후(戦後)의 많은 개혁 중에서 현실과 현격하게 차이가 생겨 비능률화한 역사적가나사용법에 수정을 가한 것이다.

현재 사용하고 있는 「현대가나사용법(現代仮名遣い)」은 역사적가나사용법이 근간을 이루고 있는 것이다. 본질은 여전히 역사적가나사용법이 사용되고 있다고 볼 수 있다.

「欧米」는 「おうべい」라고 표기하고, 「大きい」는 「おおきい」라고 표기한다. 이 정도를 구분하는 것은 어렵지 않지만, 왜 그렇게 쓰는지에 대해서 근거를 설명하는 것은 쉽지가 않다. 「オ段(段은 列이라고도 한다)」의 장음은 기본적으로 「オ段」에 「う」를 더해 쓰기 때문에 「欧米」는 「おうべい」라고 표기한다. 그런데, 「大きい」를 「おおきい」라고 쓰는 것은 역사적가나사용법에서 이 단어가 「おほきい」라고 쓰였기 때문이다. 사전을 찾아보면 「おおきい」 옆에 「オホキイ」라고 작은 가타카나로 표기되어 있는 것을 알 수 있다.

「オ列의 仮名」에 「お」를 첨가하여 쓰는 예가 역사적가나사용법에서 「現代かなづかい」「現代仮名遣い」로 이어지면서 표기의 근거를 제시하고 있는 것이다. 「現代仮名遣い(1986)」의 「본문6」에 아래와 같이 「역사적가나사용법에서 「オ列」의 가나에 「ほ」 또는 「を」가 이어지는 것」은 「お」로 표기하게 되어 있다.

> 6 次のような語は, オ列の仮名に「お」を添えて書く。
>
> 例 おおかみ おおせ(仰) おおやけ(公) こおろぎ ほのお
> とお いきどおる(憤) いとおしい おおむね
>
> これらは, 歴史的仮名遣いでオ列の仮名に「ほ」または「を」が続くものであって, オ列の長音として発音されるか, オ・オ, コ・オのように発音されるかにかかわらず, オ列の仮名に「お」を添えて書くものである。

4. 일본어의 한자

현대일본어에 있어서의 한자에 대해 살펴보도록 하자. 일본어에서 사용되는 한자에는 몇 가지의 서로 다른 읽기가 있어서 매우 복잡하다. 이와 같은 복잡한 읽기를 갖고 있는 언어는 찾아보기 힘들다.

4.1 한자읽기의 종류

일본어에서는 한자(漢字)를 읽을 때 음(音, 소리)으로만 읽는 것이 아니라 훈(訓, 뜻)으로도 읽는다. 전자는 음독(音読)이라 하고 후자는 훈독(訓読)이라 한다.

일본어의 한자 읽기는 이 두 가지 종류가 기본을 이룬다. 그런데, 각각의 한자의 음과 훈이 하나씩만 있는 것이 아니라 여러 개가 있을 수 있다는 특징이 있다. 일자다음(一字多音)이 일반적이라는 것이다. 일자일음원칙(一字一音原則)인 한국어의 한자와는 양상이 매우 다르다고 할 수 있다.

4.1.1 음독

음독(音読)이란 한자를 음으로 읽는 것으로 기초가 된 중국의 한자음에 입각하여 발음되던 것이 일본어음으로 굳어진 것이다. 일본어로는 「音読(おんどく)」「音読み(おんよみ)」「字音(じおん)」 등으로 불

린다. 중국어식 발음은 긴 역사를 통해서 몇 번에 걸쳐 일본에 전해지게 되는데, 그때마다 발음의 특징이 달라지기 때문에 일본어에서도 그에 따른 몇 가지의 음독(音読)방법을 유지하고 있다.

기본적으로는 각 음의 읽기가 어느 시대, 또는 어느 지역에서 들어왔느냐에 따라 오음(呉音), 한음(漢音), 당음(唐音)의 세 종류로 나뉜다. 「行」을 예로 들면, 「行政(ぎょうせい)」처럼 「ギョウ」로 읽거나 「銀行(ぎんこう)」처럼 「コウ」로 읽거나 「行脚(あんぎゃ)」처럼 「アン」으로 읽거나 하는 것이다. 이와 같이 일본어의 한자는 시대별로 들어온 한자의 음(音)을 중층적으로 보존하고 있는 것이 특징이다. 단, 이것은 역사적인 왕조시대와 반드시 일치하지는 않는다.

(1) **오음** : 오음(呉音, ごおん)은 일본에 처음 한자가 전래되고부터 5,6세기경까지 양자강의 하류 연안에 있던 오나라 지방의 발음, 즉 중국의 남방음이 백제를 경유하여 일본으로 건너간 것이다. 주로 불교관계 서적을 읽는데 사용되었다.

<例> 「行；ギョウ」: 行事, 行書, 行間, 行列, 行政
「大；ダイ」 : 大工, 大根, 大吉, 大胆, 大豆
「米；マイ」 : 新米

(2) **한음** : 한음(漢音, かんおん)은 7, 8세기경에 견수사(遣隋使；けんずいし)나 견당사(遣唐使；けんとうし)에 의해 전해진 수나라에서 당나라 중기에 걸친 장안(長安)·낙양(洛陽)지방의 발음, 즉 중국의 북방음이다. 당시의 중국은 한족(漢族)이 지배하고 있었으므로 수(隋)나 당(唐)이라는 국명에 관계없이 「한음

(漢音)」이라 한다. 수 · 당의 문화를 전하는 새로운 중국어음으로 존중되어, 이것이 소위 일본 한자어의 표준음(標準音)이 되었고, 따라서 가장 일반적인 음이며 그 수도 가장 많다. 오음계의 음과 더불어 일본어 음의 주체를 형성하고 있는 것이다.

일본에서 「한자(漢字)」를 「정자(正字)」라고 보는 인식은 이 「한음(漢音)」을 「정음(正音)」이라고 인식하는 데서 비롯되었다고 할 수 있고, 「한문(漢文)」을 「공문(公文)」으로 간주하는 것도 마찬가지이다. 물론, 지금 「한자(漢字)」 「한문(漢文)」이라고 할 때는 「한음(漢音)」에 의한 것만을 지칭하는 것은 아니고 모든 한자 · 한문을 통틀어서 지칭한다.

<例> 「行；コウ」： 行動, 行楽, 旅行, 行李, 行進
「大；タイ」： 大概, 大国, 大金, 大量, 大陸
「米；ベイ」： 米国, 米寿, 米穀

(3) 당음 : 당음(唐音, とうおん)은 송음(宋音, そうおん), 또는 당송음(唐宋音, とうそうおん)이라고도 불리며 10세기 말 이후, 당나라말부터 송나라 · 명나라 · 청나라 시대의 선승(禅僧, ぜんそう)이나 상인(商人)에 의해서 전해진 음으로, 중국의 남방음이다. 주로 선종(禅宗) 관계의 음에 사용되었으나 별로 많지는 않다.

<例> 「行；アン」： 行脚, 行宮, 行灯
「子；ス」 ： 様子, 茄子, 扇子
「団；トン」： 布団, 金団, 水団

이와 같은 세 가지 음은 단어에 따라 따로 읽히기도 하였으나, 같은 한자가 각각의 시대의 음으로 읽히기도 하였다. 이러한 다양한 음의 혼재는 일본어와 중국어의 접촉의 역사를 반영한 것이다. 이러한 점이 일본어의 한자음을 많게 한 원인이다.

단, 모든 한자에 오음·한음·당음이 갖추어져 있는 것은 아니다. 당음이 쓰이지 않는 한자는 매우 많고 오음과 한음이 동형인 경우도 매우 일반적이다. 옛 음의 안에는 「きく：菊」「え：絵」 등과 같이 이미 고유일본어와의 식별을 완전히 잃고 있는 것까지 존재한다. 단, 상용한자표에는 음독으로 분류하여 각각 「キク」「エ」로 표기되어 있다.

동일한 한자가 오음·한음·당음의 세 가지 음으로 읽히는 몇 가지 예를 들어보면 〈表4〉와 같다.

〈표4〉 오음·한음·당음을 모두 갖고 있는 한자의 예

한자의 예	行	頭	明
오 음	修行(しゅぎょう)	頭痛(ずつう)	明日(みょうにち)
한 음	進行(しんこう)	頭目(とうもく)	明確(めいかく)
당 음	行脚(あんぎゃ)	饅頭(まんじゅう)	明代(みんだい)
한자의 예	京	請	外
오 음	帰京(ききょう)	起請(きしょう)	外科(げか)
한 음	京浜(けいひん)	申請(しんせい)	外国(がいこく)
당 음	北京(ぺきん)	普請(ふしん)	外郎(ういろう)

위의 기본적인 음독 이외에도 관용음(慣用音)이라는 것이 있다. 관용음은 오랜 세월을 거치면서 관용적으로 굳어진 음독(音読)을 말한다. 예를 들면 「納(납)」의 음은 원칙적으로는 오음(呉音)인 「ノウ」이

다. 따라서, 「納入(のうにゅう), 滞納(たいのう)」 등으로 읽는데, 이것이 「ナッ(納豆 : なっとう), ナ(納屋 : なや), ナン(納戸 : なんど), トウ(出納 : すいとう)」 등의 이음(異音)으로 관용적으로 굳어져서 지금도 사용되고 있다.

이상과 같이 일본어의 한자음은 여러 가지로 나누어지지만 음독일 경우, 그 모두가 1음절 혹은 2음절로 읽힌다고 하는 공통된 특징을 갖는다. 물론 이것도, 모두 1음절로 읽히는 한국어의 한자와 비교하면 2음절로 읽히는 한자가 있다는 것 자체가 특이하다고 할 수 있을 것이다.

4.1.2 훈독

한자(漢字)를 뜻으로 읽는 훈독(訓読)에 대해 알아보자. 「훈(訓)」은 「음(音)」이상으로 복잡하다. 한자 문화권 안에서도 일본어만이 「훈독」을 만들어서 한자를 일본어라고 하는 새로운 언어에 순응시키는 데에 성공했지만 동시에 이것은 한자의 읽는 방법을 지극히 복잡하게 하는 결과가 되었다. 「훈」은 본래 다의적인 한자의 의미·용법에 따른 일본어를 그대로 한자에 적용시킨 것이므로 훈이 많아지는 것은 당연하다.

훈독은 한자의 의미에 대응하는 일본어가 그대로 각각의 한자를 읽는 방법으로 고정된 것이다. 즉, 한자가 들어오기 전부터 있었던 고유일본어에 한자가 도래함으로 인해, 그 한자와 비슷한 의미를 갖는 고유어에 한자를 대입(代入)시킨 것이다. 예를 들면, 「美しい」의 경우, 한자가 들어오기 전부터 「うつくしい」라는 단어가 있었으나,

한자가 들어오고 나서 의미적인 대응을 하는 한자를 대입시켰다는 뜻이다. 쉽게 말하면, 「아름답다」를 「美답다」와 같이 표기하고, 그것을 「아름답다」로 읽는 것이다.

물론, 이것은 근원(根源)을 말하는 것이고, 한자가 정착한 이후에도 훈독을 하는 고유어에 의한 단어 생성(生成)이나 분화(分化)는 지속되어 왔고, 앞으로도 그럴 가능성은 충분히 있다고 할 수 있다. 훈독을 일본어로는 「訓読(くんどく)」「訓読み(くんよみ)」「字訓(じくん)」 등으로 표현한다.

훈(訓)은 한자에 따라서 그 수가 매우 다르다. 훈이 하나 밖에 없는 경우도 있지만 대단히 많은 경우도 있다. 예를 들어 「生」이라는 한자의 훈은 160여 가지나 되는 것으로 알려져 있다. 이와 같이 같은 글자에 여러 가지 훈이 있는 것을 동자이훈(同字異訓, どうじいくん)이라고 한다.

【例】 生(い)きる, 生(う)む, 生(き)娘, 生(なま)魚, 生(は)える, 生(い)かす, 生(い)ける, 生(う)まれる, 生(お)う, 生(は)やす, ‥‥ 等

이와 같은 한자와는 반대로, 일본어의 훈은 한가지인데 대응하는 한자가 여러 가지인 것을 동훈이자(同訓異字, どうくんいじ)라고 한다. 일종의 동음이의어이다. 예를 들면, 「あつい」라는 훈에 대응하는 한자는 「暑い(덥다), 熱い(뜨겁다), 厚い(두껍다), 篤い(정이 깊다, 돈독하다)」 등 여러 가지가 있다. 이와 같은 동음이의어는 「立つ」와 「建つ」, 「鳴く」와 「泣く」, 「聞く」와 「聴く」 등과 같이 훈을 한자와 결합시킴으로 인해 그 의미를 세분하고자 하는 경우에 많이 쓰인다.

4.1.3 음훈읽기와 훈음읽기

한자 숙어의 경우, 앞 글자가 음으로 읽히면 뒷 글자도 음으로 읽고, 앞 글자가 훈이면 뒷 글자도 훈으로 읽히는 것이 일반적이다. 그런데 한 단어가 음이나 훈으로만 읽히는 것이 아니라 「음+훈」이나 「훈+음」으로 섞여서 읽히는 경우도 있다. 이와 같이 「음+훈」이나 「훈+음」으로 읽는 방식은 일종의 독특한 방식이라고 할 수 있다.

「음+훈」의 순서로 읽는 방식을 「重箱読み(じゅうばこよみ)」라고 한다. 필자는 이를 한국어로 「음훈읽기」라고 표현한다. 음훈읽기는 「重箱」처럼 한 단어의 앞 글자를 음으로 읽고, 뒷 글자를 훈으로 읽는 방식이다. 다음과 같은 예를 볼 수 있다.

【음훈읽기(重箱読み)의 예】

王手, 奥書(おくがき), 気合, 気持, 客間, 工場(こうば), 献立, 試合, 仕事, 字引, 借家(しゃくや), 職場, 台所, 団子, 天窓, 番組, 番付(ばんづけ), 本棚, 本箱, 本屋, 役場, 役割, 両替

한편 「훈+음」의 순서로 읽는 것을 「湯桶読み(ゆとうよみ)」라고 한다. 이는 「湯桶」처럼 앞 글자가 훈독이고 뒷 글자가 음독인 경우이다. 필자는 이를 「훈음읽기」라고 표현한다. 훈음읽기에는 다음과 같은 예가 있다.

【훈음읽기(湯桶読み)의 예】

合図, 雨具, 株式, 切符, 黒幕, 消印, 手本, 長年, 荷物, 野宿, 場所, 見本, 夕刊, 夕飯(ゆうはん)

4.1.4 일본의 국자(国字)

일본어의 한자에는 일본식 국자(国字, こくじ)라는 것이 있다. 「和字(わじ)」라고도 하는 일본국자(日本国字)란 원래 중국에서 만들어진 별개의 한자를 회의(会意) 등의 한자가 만들어지는 방법을 응용하여 일본에서 조합된 한자를 말한다.

일본국자는 어떤 개념이나 사물을 한자로 표기할 때, 적절한 한자가 없기 때문에 일본에서 만들어 통용시킨 것이다. 따라서 일본국자는 원칙적으로 훈독만이 있고 음이 없는 것이 보통이다. 그러나 「働(ドウ, はたらく)」(稼働, 労働)와 같이 음과 훈이 각각 있는 경우도 있고, 「腺(セン)」(乳腺, 扁桃腺, 涙腺)과 같이 훈은 없고 음만 있는 등의 예외도 있다.

일본국자의 예를 들면 다음과 같다. 「미터」를 뜻하는 「米(メートル)」를 일본국자로 보는 경우도 있으나, 이는 편의에 의한 것이라고 해석되기 때문에 일본국자로 볼 수 없다. 물론, 이것을 근간으로 해서 파생된 「粁(キロメートル : 킬로미터)」「糎(センチメートル : 센티미터)」「粍(ミリメートル : 밀리미터)」는 일본국자로 봐야 한다.

【일본국자의 예】

鰯(いわし), 俤(おもかげ), 裃(かみしも), 燗(かん), 喰(くう, くらう), 込(こむ), 躾(しつけ), 癪(しゃく), 辷(すべる), 凧(たこ), 襷(たすき), 鱈(たら), 辻(つじ), 働(ドウ, はたらく), 峠(とうげ), 栃(とち), 鯰(なまず), 匂(におい), 畑(はた, はたけ), 噺(はなし), 籾(もみ), 匁(もんめ), 枠(わく)

4.1.5 숙자훈(熟字訓) · 차자(当て字)

숙자훈(熟字訓)과 차자(借字)라는 것이 있다. 숙자훈이란 일본어 고유의 단어에 두 개 이상의 한자를 대입하여 그 전체를 하나의 훈으로 읽는 것으로 한자(漢字) 한 글자씩 떼어서 읽을 수 없는 것을 말한다. 예를 들면 「明日」를 「あす」로 읽을 경우 「明」이 「あ」이고 「日」이 「す」라는 식으로 나눌 수 없고 「明日」 전체를 「あす」로 읽어야 하는 것이다.

【숙자훈의 예】

明日(あす), 海女(あま), 大人(おとな), 落葉松(からまつ), 昨日(きのう), 今日(きょう), 五月雨(さみだれ), 足袋(たび), 一日(ついたち), 梅雨(つゆ), 一人(ひとり), 土産(みやげ), 大和(やまと)

차자(借字)란 일본어의 「当て字(あてじ)」에 해당하는 한국어로 필자가 사용하는 말인데 「아테지」라고 표현하는 경우도 있다. 이것은 주로 외국의 지명이나 외래어 등을 나타내기 위하여 한자 본래의 뜻과는 관계없이 주로 음을 이용하여 나타내는 것이다. 다음과 같은 차자(当て字)의 예를 볼 수 있다.

【차자(当て字)의 예】

アジア(亜細亜), アメリカ(亜米利加), イギリス(英吉利), イタリア(伊太利), インド(印度), オーストラリア(豪太剌利), カナダ(加奈

陀), スペイン(西班牙), ドイツ(独逸), フィリピン(比律賓),フランス(仏蘭西), ヨーロッパ(欧羅巴)

이들은 한자의 음을 이용한 「아테지」인데 뜻을 이용한 것도 얼마간 있다. 예를 들면 「アルコール(酒精), カボチャ(南瓜), ガラス(硝子), キセル(煙管), タバコ(煙草), ビール(麦酒)」 등이다. 또한 드물기는 하지만 「矢鱈(やたら)」처럼 고유어에 차자(当て字)가 이용되는 경우도 있다. 이와 같이 뜻을 이용한 것도 있기 때문에 일상생활에서는 앞에서 본 숙자훈을 포함하여 「아테지」라고 하는 경우도 있다. 일본어에서 사용되는 한자의 복잡성을 엿볼 수 있다.

4.2 상용한자

일본어의 상용한자에 대해 살펴보도록 하자. 일본의 한자정책은 몇 번의 변화 과정을 거친다. 1946년 11월 16일, 일상 사용하는 한자의 범위를 1850자로 제시한 「당용한자표(当用漢字表)」를 제정하여 전후(戦後) 한자교육의 지침으로 삼는다. 그 후, 시대적 흐름을 반영하여 1981년 10월 1일에 「상용한자표(常用漢字表)」가 공표된다. 1945자로 된 「常用漢字表」는 29년간 사용되다가, 2010년 11월 30일에 재편되어 공표되었다. 현재 사용되고 있는 한자는 2010년에 공포된 새로운 「상용한자표(常用漢字表)」에 실린 「상용한자(常用漢字)」이다. 1981년의 상용한자와 비교하기 위하여 「신상용한자」 또는 「개정상용한자」로 표현하는 경우도 있으나 이것은 편의에 의한 것이고 개정된 상용한자의 정식 명칭은 「상용한자표」이다. 앞으로 특별한 전제 없이 상용한자표라고 하면 2010년의 새로운 상용한자표를 말한다.

2010년의 새로운 「상용한자표(常用漢字表)」에는 지금까지의 상용한자표에서 잘 사용되지 않던 5자를 빼고, 새롭게 196자를 추가하여 총 2136자가 실려 있다. 1981년의 상용한자표가 1946년의 당용한자표를 수정하고 보완한 것이기 때문에, 당용한자표에서 35년 후에 95자를 추가한 상용한자표가 되었고, 그로부터 29년 후에 또다시 수정, 보완의 과정을 거쳐 191자를 더하여 2136자가 된 셈이다. 한자사용에 대한 어려움을 호소하고 있는 현대인의 입장과는 달리, 한자의 필요성은 점점 더 높아져가고 있는 것이다.

추가된 196자는 새롭게 추가된 만큼 어려운 한자가 대부분이지만 일본어를 깊이 있게 공부하는 입장에서는 학습해야 할 내용이다. 참고로, 이번에 삭제된 5자는 「勺(シャク), 錘(スイ, つむ), 銑(セン), 脹(チョウ), 匁(もんめ)」이다. 상용한자표에서 음은 가타카나로, 훈은 히라가나로 표기하게 되어 있다. 추가된 상용한자를 일부 싣도록 한다.

【추가된 상용한자의 예】

挨, 宛, 畏, 椅, 彙, 淫, 唄, 鬱, 艶, 俺, 瓦, 蓋, 柿
顎, 釜, 韓, 串, 股, 虎, 鹿, 袖, 尻, 誰 ,酎, 爪, 鶴
瞳, 栃, 丼, 箸, 膝, 肘, 餅, 頬, 枕, 闇, 藍, 麓, 脇

상용한자표는 음이나 훈이 무한대로 확산하는 것을 제한하고, 일상생활에서의 한자사용의 지침으로 삼기 위해 마련된 것이다. 따라서 상용한자표에는 가장 일반적으로 사용되는 음과 훈을 제시하고 있다. 음 하나에 훈 하나가 이상적이지만 반드시 그렇지만은 않다.

먼저, 음만 있고 훈이 없는 한자는 총 820개, 전체의 38.4%인데, 상용한자 전체 중에서 차지하는 비율이 매우 크다는 것을 알 수 있다. 이에 속하는 한자는 1음0훈이 일반적이지만, 가끔 2음인 경우도 있다. 아래에 보인 것은 음만 있는 「あ行」의 전수(全数)이다.

【음만 있는 「あ行」의 상용한자】

亜(ア), 挨(アイ), 愛(アイ), 曖(アイ), 圧(アツ), 案(アン), 以(イ), 医(イ), 依(イ·エ), 委(イ), 威(イ), 為(イ), 胃(イ), 尉(イ), 椅(イ), 彙(イ), 意(イ), 維(イ), 遺(イ·ユイ), 緯(イ), 域(イキ), 壱(イツ), 逸(イツ), 咽(イン), 姻(イン), 員(イン), 院(イン), 韻(イン), 宇(ウ), 鬱(ウツ), 英(エイ), 衛(エイ), 疫(エキ·ヤク), 益(エキ·ヤク), 液(エキ), 駅(エキ), 悦(エツ), 謁(エツ), 閲(エツ), 怨(エン·オン), 宴(エン), 媛(エン), 援(エン), 演(エン), 王(オウ), 凹(オウ), 央(オウ), 往(オウ), 旺(オウ), 欧(オウ), 翁(オウ), 億(オク), 憶(オク), 臆(オク), 乙(オツ), 恩(オン)

음만 있는 한자를 제외한 61.6%가 음과 훈을 갖고 있거나 훈만 있는 한자이다. 음과 훈을 동시에 갖고 있는 58.3% 중에서는 음 하나에 훈 하나인 1음1훈이 679개, 전체의 31.8%로 음독과 훈독이 있는 것 중에서 가장 많다.

훈만 있고 음이 없는 한자도 있는데, 이는 그렇게 많지는 않다. 전체의 3.3%인 71자가 훈만 있고 음이 없는 한자의 전부이다. 그러나 직전 상용한자보다 두 배로 늘어난 것은 주목할 만한 사항이다. 새로 추가된 한자 중에는 난해한 것이 많고 고유어식으로 사용되는 한자가 많이 포함되어 있기 때문이다.

【훈만 있는 추가된 상용한자의 전수(全数)】

宛(あてる), 嵐(あらし), 茨(いばら), 唄(うた), 岡(おか), 俺(おれ), 柿(かき), 釜(かま), 串(くし), 熊(くま), 桁(けた), 乞(こう), 駒(こま), 頃(ころ), 埼(さい), 鹿(しか·か), 尻(しり), 裾(すそ), 誰(だれ), 爪(つめ·つま), 鶴(つる), 栃(とち), 丼(どんぶり·どん), 梨(なし), 謎(なぞ), 鍋(なべ), 匂う(におう), 虹(にじ), 箸(はし), 膝(ひざ), 肘(ひじ), 頬(ほお), 枕(まくら), 弥(や), 闇(やみ), 脇(わき)

상용한자표는 어려운 한자의 읽기를 간략화하였지만, 음훈이 5~6개가 넘는 경우도 많고, 심지어는 읽기가 10개가 넘는 한자도 4자가 있다.

【10개 이상의 읽기가 있는 상용한자】

「上」(10개) : ジョウ, ショウ, うえ, うわ, かみ, あげる, あがる, のぼる, のぼせる, のぼす
「明」(11개) : メイ, ミョウ, あかり, あかるい, あかるむ, あからむ, あきらか, あける, あく, あくる, あかす
「生」(12개) : セイ, ショウ, いきる, いかす, いける, うまれる, うむ, おう, はえる, はやす, き, なま
「下」(12개) : カ, ゲ, した, しも, もと, さげる, さがる, くだる, くだす, くださる, おろす, おりる

이와 같이 복잡성이 남아있기는 하지만, 상용한자표가 한자습득에 필요한 일반적인 지침이 되어 있는 것은 확실이다. 예를 들면, 2008년 3월에 일본 문부과학성에서 「小学校学習指導要領」이 개정되었는데 이것의 별표(別表)인 「学年別漢字配当表」에서 교육한자(教育漢字) 1006자를 제시하고 있다. 이것은 초등학교 교육에서 1006자의 한자를 습득하게 된다는 것을 의미하는데 교육한자는 모두 상용한자표 안에 포함되어 있다. 이후, 2020년에 20자가 추가되어 현재의 교육한자는 총 1026자이다. 학년별로 보면 〈표5〉와 같다.

〈표5〉 일본 교육한자 1006자의 학년별 분포

학 년	한자수	배정한자의 예
1학년	80자	右, 雨, 円, 下, 気, 休, 金, 月, 見, 校
2학년	160자	間, 後, 午, 語, 時, 書, 食, 前, 電, 読
3학년	200자	飲, 員, 運, 駅, 界, 館, 起, 究, 急, 銀
4학년	200자	建, 験, 試, 借, 特, 飯, 囲, 胃, 栄, 億
5학년	185자	貸, 移, 液, 演, 過, 快, 解, 確, 額, 慣
6학년	181자	延, 革, 割, 簡, 机, 疑, 吸, 胸, 勤, 敬

일본에서 가장 공신력 있는 대외적인 일본어시험제도인 「일본어능력시험(日本語能力試験)」에서 요구하고 있는 한자의 수(数)도 기본적으로 이 상용한자표에 의거하고 있다.

상용한자표(常用漢字表)에는 본표(本表) 2136자 외에 부표(付表)라는 것이 첨부되어 있다. 부표는 전술한 숙자훈(熟字訓)과 같이 한자 단어

전체를 한 묶음으로 읽는 것이 주를 이룬다. 부표는 본표와 달리 읽기가 먼저 제시되어 있지만, 여기에서는 한자를 먼저 제시하도록 한다. 부표의 단어가 실제로 쓰일 때에는 주로 한자로 사용되기 때문이다. 예를 들면 다음과 같다.

【상용한자부표의 예】

明日(あす), 小豆(あずき), 海女(あま), 硫黄(いおう), 意気地(いくじ), 田舎(いなか), 息吹(いぶき), 乳母(うば), 浮気(うわき), 浮つく(うわつく), 笑顔(えがお), 叔父·伯父(おじ), 大人(おとな), 乙女(おとめ), 叔母·伯母(おば), お巡りさん(おまわりさん), お神酒(おみき), 母屋·母家(おもや), 母さん(かあさん), 鍛冶(かじ), 風邪(かぜ), 固唾(かたず), 仮名(かな), 蚊帳(かや), 玄人(くろうと), 早苗(さなえ), 素人(しろうと), 友達(ともだち), 博士(はかせ)

상용한자표는 그 자체도 어렵지만 현실생활에서는 그 기준에서 일탈한 읽기도 많이 사용되고 있다. 그것은 상용한자표가 반드시 의무조항은 아니기 때문인데, 신문이나 출판사, 또는 글쓴이의 취향에 따라 차이점이 많아서 한자 습득에는 어려움이 많은 것이 현실이다.

일본의 상용한자(常用漢字)와 한국의 기초한자(基礎漢字)를 비교해 보도록 하자. 일본의 상용한자는 2136자이고 한국에는 2000년에 개정된 한문교육용 기초한자 1800자가 있다. 양국에서 공통되는 한자가 대부분이지만, 각기 달리 존재하고 있는 한자도 상당 수 있다.

공통한자는「家, 仮, 可, 佳, 街」등인데 공통한자라고 하더라도 자체(字体)의 차이는 있다. 한국은 정자(正字)와 약자(略字)라는 개념이고, 일본은 신자체(新字体)와 구자체(旧字体)라는 개념이다. 한국의 정자는 일본의 구자체와 대응하고, 한국의 약자는 일본의 신자체와 대응한다. 「正字」를 「공식적으로 정한 한자(漢字)」라는 개념으로 이해한다면, 일본에 있어서는 신자체가 정자가 된다. 예컨대, 정자라는 개념이 양언어에서 다르다는 것이다. 「家」의 경우는 양언어에서 자체도 동일하지만, 「假」와 「仮」의 경우는 자체(字体)는 다르더라도 공통한자로 보는 것이다.

한국의 기초한자에만 있는 한자를 살펴보도록 하자. 일본한자와 형태가 같다고 하더라도 실질적으로는 한국한자에만 있는 것으로 간주해야 하는 것이 있다. 예를 들면, 「余(여)」나 「予(여)」와 같은 형태의 한자는 일본어에도 있지만, 일본어에 있는 「余(よ)」는 「餘」에서 간략화 한 것이고, 일본어의 「予(よ)」에 해당하는 한국한자는 「豫(예)」이다. 한국의 기초한자에는 「余(여)」와 「餘(여)」, 「予(여)」와 「豫(예)」가 각각 다른 글자로 실려 있다. 따라서 「余(여)」나 「予(여)」는 한일양언어에서 각기 다른 글자가 되는 것이다. 「욕」의 경우도 한국한자에는 「慾」과 「欲」의 2종이 있고 일본한자에는 「欲(よく)」만이 있다.

한국의 기초한자에만 있는 한자를 보면 몇 가지의 특징을 발견할 수 있다. 먼저 눈에 띄는 것이 십간십이지(10干12支)이다. 10간인 「甲(こう), 乙(おつ), 丙(へい), 丁(てい), 戊(ぼ), 己(き), 庚(こう), 辛(しん), 壬(じん), 癸(き)」 중에서 일본어에는 「甲, 乙, 丙, 己, 辛」의 다섯 자만 실려 있는데 비하여 한국의 기초한자에는 전부 실려 있다. 일본어에 있어서는 10간의 의미로서보다도 일반적인 용어로 사용되기 때문에 실려 있다고 볼 수 있는데, 한국어에서는 10간 그 자체의 의미에 의해 실려 있다고 볼 수 있다.

12지의 경우도 마찬가지이다. 12지인 「子(ね), 丑(うし), 寅(とら), 卯(う), 辰(たつ), 巳(み), 午(うま), 未(ひつじ), 申(さる), 酉(とり), 戌(いぬ), 亥(い)」 중에서 일본어의 상용한자에 있는 것은 「子, 午, 未, 申」의 4자뿐이다. 반면에 한국의 기초한자에는 12지가 전부 존재한다. 일본어에 있는 4자는 12지로서의 의미가 아니라 「シ(調子·拍子), ス(様子), こ(子供)」 「ゴ(正午·午後)」 「ミ(未満)」 「シン(申請), もうす(申す)」 등, 일반적인 단어로 활용하기 위한 것이다. 이 4자가 일반적인 동물을 나타낼 때는 「鼠, 馬, 羊, 猿」로 표기한다.

12지 중에서 위의 4자를 제외한 나머지 「丑, 寅, 卯, 辰, 巳, 酉, 戌, 亥」도 일반적인 의미로 사용되는 경우는 없는데, 이에 해당하는 일반적인 동물을 나타내는 한자는 각각 「牛, 虎, 兎, 竜, 蛇, 鶏, 犬, 猪」이다. 따라서 12지로만 사용되는 상기와 같은 8자가 한국의 기초한자에만 있다는 것은 특징이라 할 수 있다. 한국의 교육한자에는 12지의 의미로 실려 있는 것이다. 더구나, 십간십이지 전부가 중학교용 기초한자 900자 안에 들어 있다.

또 하나의 특징으로는 한국의 기초한자에는 어조사가 많다는 것이다. 예를 들면 「耶(야), 於(어), 于(우), 矣(의), 哉(재), 兮(혜), 乎(호)」와 같은 어조사는 한국의 기초한자에만 존재한다.

그러면 일본의 상용한자에만 있는 한자를 살펴보도록 하자. 한국의 기초한자보다 일본의 상용한자가 336자 더 많은 만큼, 상용한자에만 있는 한자가 더 많은 것은 당연하다.

【일본의 상용한자에만 있는 한자의 예】

嫁 殻 墾 喝 褐 紺 勘 憾 堪 岬 揭 繭 鯨 茎 届 昆 控 款 缶

括 絞 溝 購 堀 圏 襟 岐 肌 崎 棋 喫 裸 酪 滝 瀬 塁 鍛 胆
曇 働 棟 謄 魔 網 魅 帽 描 畝 蚊 舶 畔 鉢 肪 賠 藩 帆 併
瓶 僕 縫 敷 噴 盆 扉 砂 卸 飼 傘 渋 挿 峠 璽 繊 巣 塑 沼
咲 狩 穂 髄 塾 殖 臣 娠 桜 嬢 齢 奥 穏 腕 頑 尿 寮 凹 曜
窯 踊 隅 芋 垣 硫 融 擬 尼 妊 込 諮 磁 桟 邸 笛 畑 栓 粘
艇 晶 町 詔 繰 遭 藻 釣 彫 槽 枠 駐 汁 肢 脂 朕 澄 遮 搾
札 擦 彰 隻 凸 畳 締 礁 哨 酢 嘱 撮 軸 炊 痴 勅 駄 惰 託
胎 覇 膨 陛 褒 舗 轄 嚇 弧 滑 慌 絵 酵 后 薫 勲 姫 犠 詰

일본의 상용한자에서 볼 수 있는 특징으로는 먼저 일본국자(日本国字)가 있다. 상용한자에 들어있는 「働, 峠, 込, 畑」와 같은 일본국자는 당연히 일본한자에만 존재한다.

천황제를 상징하듯이 다음과 같은 한자가 상용한자에 포함된 것도 특이한 사항이다.

「璽(ジ)；御璽 · 国璽」「詔(ショウ)；詔勅 · 詔書」
「臣(シン · ジン)；臣下 · 君臣 · 大臣」
「勅(チョク)；勅語 · 勅使」「朕(チン)」「陛(ヘイ)；陛下」

4.3 한자읽기의 다양성과 인명용한자

4.3.1 한자읽기의 다양성

평상시에 한자를 사용하다 보면 의문시되는 읽기가 있다. 같은 한자가 의미에 따라 다르게 읽히는 경우가 많기 때문이다. 일본어 한자읽기의 다양성을 나타내고 있는데 대표적인 것을 몇 가지 들어보도록 한다.

먼저, 「重複(중복)」은 「じゅうふく」로 읽기도 하고 「ちょうふく」로 읽기도 한다. 사전을 찾아보면 「ちょうふく」를 기본항목으로 하고, 「じゅうふく」를 참조항목으로 하고 있다. 양쪽 다 상용한자의 음독(音読)으로 인정하고 있는 읽기여서, 양쪽 다 맞다고 볼 수 있다. 실제로 「重」이 사용되는 단어를 보면 「じゅう」라고 읽는 경우가 많다. 따라서 「重複」도 「じゅうふく」가 더 많이 쓰인다고 할 수 있다. 「重」이 「じゅう」라고 읽히는 단어로는 「重量·重大·二重·重力·体重」 등이 있고, 「ちょう」라고 읽히는 단어로는 「慎重·貴重·丁重」 등이 있다.

「木の葉(나뭇잎)」의 경우는 「きのは」로 읽을지 「このは」로 읽을지 난감할 때가 있다. 사전류에서는 표제어로 「このは」 밖에 싣고 있지 않는 경우가 많다. 「このは」는 한 단어로서의 의식이 강한 반면, 「き／の／は」는 세 단어로 분석할 수 있기 때문이다. 즉, 한 단어라는 의식이 강하면 「このは」라고 읽고, 세 단어로 분석적으로 생각하면 「き／の／は」라고 읽는다고 생각하면 된다. 「きのは」는 아직 나무에 붙어 있는 경우이고 「このは」는 나무에서 떨어져 독립적으로 존재하는 잎인 것이다.

「木の実(나무 열매) 」의 경우도 「きのみ」와 「このみ」라는 두 가지 읽기가 있다. 그러나 이 경우는 양쪽 다 사전에 표제어로 실려 있기 때문에 특별히 구별하지 않아도 된다고 볼 수 있다.

「利益」은 「りえき」로 읽을 때와 「りやく」로 읽을 때 각각 의미가 달라진다. 「利益」은 원래 오음(呉音)으로 「リヤク」라고 읽었는데, 나

중에 한음(漢音)이 들어오면서「りえき」를 사용하게 되었다. 원래 불교관계의 용어에는 오음(呉音)이 많았고, 지금도 그 의미가 그대로 남아 있는 경우도 많다. 그래서「りやく」라고 읽으면 신불(神仏)의 은혜나 공덕이라는 뜻이 되고「りえき」라고 읽으면 돈벌이하는 것이 된다.

이와 같이 읽기의 차이가 뜻의 차이를 가져오는 다른 예로「市場」을 들 수 있다. 이것을「しじょう」라고 읽으면 대규모 시장이나 추상적인「시장」이 되고,「いちば」로 읽으면 소규모 시장이나 구체적인「시장」이 된다.

「分別」의 경우도 마찬가지로 읽기에 따라 뜻이 달라진다. 이것을「ふんべつ」라고 읽으면 상식적으로 판단하는 능력을 나타내고,「ぶんべつ」라고 읽으면 종류에 따라 분류하는 것이 된다.

4.3.2 인명용한자

상용한자표 이외의 한자를 사용할 수 있는 예외를 인정하고 있는 것으로는「호적법시행규칙(戸籍法施行規則)」에 제시된「인명용한자표(人名用漢字表)」이다. 이는, 상용한자 외에 인명용으로 사용할 수 있도록 인정된 한자를 말하는데, 2010년 11월 30일 상용한자의 개정과 더불어 861자가 되었다.

그러나, 이것은 자종(字種)을 제한한 것으로, 읽는 법에는 제한이 없다. 따라서 인명(人名)은 읽는 법이 가지각색이며, 한자(漢字)만 보고서는 어떻게 읽는지 알 수 없는 경우도 많다. 공식적으로 파악된 일본인의 성씨가 12만개나 되는데다가 그 읽기도 다양해서 일본어 난독한자(難読漢字)의 극치를 이루고 있는 것이다. 이하는 인명용한자로 쓸 수 있는 한자의 예이다.

【인명용한자의 예】

丑, 丞, 乃, 也, 亘, 亥, 亦, 亨, 亮, 伊, 伍, 伶, 佑
侑, 允, 冴, 匡, 卯, 吾, 呂, 哉, 喬, 嘉, 孟, 宏, 峻
嶺, 巌, 巴, 庄, 弘, 彬, 怜, 慧, 敦, 旭, 昴, 暢, 朋

이와 같이 이름에 사용할 수 있는 한자는 상용한자 2136字와 인명용한자 861字이다. 한자 이외에 사용할 수 있는 문자로는 히라가나와 가타카나 및 「ー(長音)」「ゝ(一の字点)」, 「ゞ」, 「々(同の字点)」이 있다. 계산용 숫자나 로마숫자, 알파벳은 사용할 수 없다.

인명용한자는 제한되어 있지만 읽기에는 제한이 없기 때문에 이름 읽는 법은 매우 자유롭다. 이름과 관련하여 인명용한자에 사용하는 한자에는 음독과 훈독 외에 특별히 「名のり」라는 읽기가 있다. 「太」라는 문자의 경우, 「タイ, ふと」 외에 「うず, おお, しろ, だい, た, と, ひろ, ひろし, ふとし, ます, み, もと」라고도 읽을 수 있는데 이것이 「名のり」라는 것이다.

2013년(平成25年)생의 이름 랭킹을 성별로 보면 다음과 같다.

(1) 남자 순위 : 1 悠真(ユウマ, ハルマ, ユウシン)
2 陽翔(ハルト, ヒナト, ヒロト)
3 蓮(レン)
4 大翔(ヒロト, ダイト, ハルト, ヤマト, タイガ, マサト), 湊(ミナト)

6 大和(ヤマト, ダイト)
7 颯太(ソウタ)
8 陽向(ヒナタ), 翔(カケル, ショウ)
10 蒼空(ソラ, アオイ), 大輝(ダイキ, タイキ, ハルキ), 悠人(ユウト, ハルト)

(2) **여자 순위** : 1 結菜(ユイナ, ユナ, ユウナ)
2 葵(アオイ)
3 結衣(ユイ)
4 陽菜(ヒナ, ハルナ, ヒナタ, フナ)
5 結愛(ユア, ユナ, ユウア, ユイア, ユメ)
6 凜(リン)
7 ひなた(ヒナタ), 凛(リン)
9 愛菜(アイナ, マナ, アズナ, メイナ), 美結(ミユ, ミユウ, ミウ, ユズキ), 陽葵(ヒマリ, ヒナタ, ヒヨリ)

4.3.3 한중일 공용한자

한국인이 일본어의 한자어(漢字語)를 학습할 때는 안이하게 접근하는 경향이 있다. 한국어에도 한자어가 많기 때문이다. 그러나 현재 한국 학생들의 한자 실력은 기대 수준에 미치지 못하고 있다. 한국의 교육용 기초한자 1800자가 제대로 교육이 안 되고 있는 실정인 것이다.

한자문화권(漢字文化圈)에서 한자교육은 반드시 필요하다. 과거의 문헌을 연구하기 위한 측면도 있고 문화의 계승이라는 측면도 있다.

외국에 나가서 공항이나 역의 표지판에 쓰인 글자가 한자라면, 읽는 법은 몰라도 대충 뜻은 통하게 되는 경우도 있는 것이다. 일본에서는 초등학교에서 이미 1026자의 한자를 교육하고 있다는 데도 주목해야 한다.

한자는 국제적인 글자이다. 표의문자(表意文字)이기 때문에 하나하나 익히기가 쉽지는 않지만 현실적으로 한자문화권내의 한자어 사용인구는 15억에 이른다. 최근에는 구미에서도 공항 등의 게시판에 한자 표기가 늘고 있다.

따라서 한자문화권에서 공통으로 사용할 수 있는 상용한자를 제정하는 정책이 결실을 맺어야 한다. 최근에 「한중일 30인회」에서 한중일 공용한자 808자가 선정되기는 하였지만, 자체(字体)를 통일해야만 진정한 공용한자라고 할 수 있다.

한중일 공용한자의 내용을 보면 일본의 상용한자가 가장 현실적이다. 예를 들면, 「풍」자의 경우, 한국한자는 「豐」, 일본한자는 「豊」, 중국한자는 「丰」이다. 「광」의 경우는 한국이 「廣」, 일본이 「広」, 중국이 「广」, 「총」의 경우는 한국이 「總」, 일본이 「総」, 중국이 「总」이다. 전체의 틀을 유지하고 간략화하면서 중립적인 일본의 상용한자가 타당성이 있는 것이다. 그러나, 지금까지의 난관과 마찬가지로, 중국은 한자종주국으로서의 입장이 있고, 한국은 일본에 대한 감정 때문에 쉽게 의견일치를 보지 못하고 있다.

일본의 상용한자는 자체(字体)의 면에 있어서 한국의 약자와 많은 부분 공통된다. 따라서 굳이 일본식이 아니라도 구태의연한 한자보다는 약자체가 훨씬 시대적인 감각에 맞는다고 할 수 있다. 한자에 더욱 관심을 가질 필요가 있고, 한자문화권의 통일한자가 가장 현실적이고 논리적인 안으로 반드시 성사되기를 기대한다.

제4장
어 휘

1. 어휘의 개념

어휘(語彙)의 개념에 대해서는 여러 가지 대답이 있을 수 있다. 그러나, 일반적으로 일본어학의 관점에서 볼 경우 「어휘(語彙)는 단어(単語)의 집합(集合)이다」라고 규정된다. 「어(語)」는 단어를 말하고 「휘(彙)」는 집합이라는 뜻이다.

즉, 어휘는 어느 기준 내지 관점에 의해 일정한 범위를 한정했을 때에, 그 범위 내에 존재하는 단어의 총체를 가리키는 명칭이다. 구체적으로는 「겐지모노가타리(源氏物語)의 어휘」「셰익스피어 작품의 어휘」「아동의 사용어휘」「청소년의 사용어휘」 등과 같은 예를 들 수 있다. 이 일정한 범위를 일본어 전체로 확대하면 「일본어의 어휘」가 된다.

「어휘론(語彙論, lexicology)」은 이 집합으로서의 어휘를 대상으로 하여 그것을 여러 가지 관점에서 분석하고 연구하는 분야이다. 어휘론은 음운론 · 의미론 등과 대등한 언어 연구의 중요한 하나의 분야이다.

어휘는 몇 가지의 종류로 나눌 수가 있는데, 그 중의 하나가 「사용어휘」와 「이해어휘」이다. 사용어휘(使用語彙)라는 것은 어느 개인이 일상생활을 하는데 있어서 실제로 말하거나 쓰거나 할 때 사용하는 언어의 총체를 가리키며 「표현어휘(表現語彙)」라고도 한다. 한편, 읽거나 듣거나 해서 의미를 이해하는 언어를 가리켜 「이해어휘(理解語彙)」라고 한다. 사용어휘와 이해어휘는 서로 쌍을 이루는 개념이다. 물론, 누구나 이해어휘가 사용어휘보다 많다. 들으면 알겠는데 스스로 자연스럽게 표현하지 못할 경우, 이와 같은 단어는 이해어휘에 속하는 것이다.

어휘라는 용어의 개념에서 보았듯이 특히 주의해야 할 점은 단어와 어휘는 같지 않다는 점이다. 왜냐하면, 단어는 하나하나 개개의 존재를 가리키는 데에 비해, 어휘는 어디까지나 전체로서의 존재를 가리켜 말하는 것이기 때문이다. 예를 들면 우리는 일상생활에서 「공부라고 하는 어휘는 학문이나 기술을 배우거나 닦는다는 뜻이다」라든가, 「구라파라는 어휘는 결국 일본어식 표현이라고 볼 수밖에 없다」 등과 같은 표현을 사용하는 경우가 있는데, 엄밀하게 말하면 이러한 표현은 올바르지 않다. 이런 경우에는 「어휘」가 아닌 「말」, 더 정확히는 「단어」라고 해야 되는 것이다. 이 「단어」라는 용어를 일본어 어휘론에서는 주로 「어(語, ご)」라고 표현한다.

「어휘량(語彙量)」이라는 용어가 있다. 이것은 어느 어휘에 몇 개의 단어가 포함되어 있는가, 즉 어휘의 총량을 말한다. 예를 들면, 『만요슈(万葉集)』에는 대략 6500개의 자립어가 사용되어 있다고 하는데, 이를 말할 때에는, 『만요슈』의 어휘량은 6500단어라고 해야 되는 것이다. 한국어의 어휘와 일본어의 어휘를 비교·대조하는 경우에 취급되고 있는 어휘의 수는 두 개이다. 각 언어에 있어서 초등학교 입학 무렵에 있는 아이의 이해어휘 총량은 대략 5000단어로 알려져 있다.

어휘의 또 다른 하위개념에 「기본어휘(基本語彙)」와 「기초어휘(基礎語彙)」가 있다. 기본어휘는 어떤 어휘의 조사결과를 이용해서 그 어휘 속에 많이 사용된 단어의 순위를 정했을 때 일정 범위까지의 단어의 모음을 말한다. 기본적으로 사용률이 중요시되는데 단어의 중요성이라는 것은 반드시 특정 분야의 사용률에 의해서만 결정되는 것이 아니기 때문에 얼마나 많은 종류의 자료에 공통적으로 나타나고 있는가라는 사용범위도 매우 중요하다. 실제로는 사용률과 사용범위의 쌍방을 고려해서 어느 자료에 넣어도 잘 사용할 수 있는 일정수의 단어를 선택하고 그들을 한 언어에 있는 기본적인 어휘로 생각하고자 하는 것이 일반적이다. 일본어라면 이렇게 하여 찾아낸 일본어의 기본어휘를 일본어교육 등에서 우선적으로 가르치게 되는 것이다.

기본어휘와 유사한 개념에 기초어휘가 있다. 기초어휘는 그 언어를 사용해서 언어생활을 영위하는 데 있어서 필요불가결하다고 생각된 단어의 그룹을 나타낸다. 기본어휘는 실제 어휘조사를 근본으로 하여 객관적으로 설정되어 있지만, 기초어휘는 특정의 개인이 주관적으로 선택해 놓은 경우가 많다. 기초어휘는 반드시 사용된 결과에 의한 것이 아니라는 것이다.

위와 같이 기본어휘와 기초어휘의 개념은 다르지만 실질적으로 많은 경우 겹치는 수가 많다. 용어 사용에 있어서도 중복되어 사용되는 경우도 허다하다. 일반적으로 생각할 경우에 신체발부에 대한 용어는 꼭 필요하다고 생각되어 기초어휘에는 들어가지만 객관적인 조사결과에 의해 그 안의 어떤 용어는 기본어휘에는 들어가지 않을 수도 있다는 것이다. 우리가 보통 외국어를 학습할 때에 기본적으로 필요로 하는 2000단어는 기본어휘이다.

2. 어휘조사

어휘조사란 어떤 어휘의 양적인 구성이나 그에 관련된 언어사용의 상황을 명확하게 하기 위하여 어떤 단어가 어느 정도, 또 어떻게 사용되어 있는가를 조사하는 것을 말한다. 이와 같은 어휘조사는 언어교육에 사용하기 위하여 시작되었고 일본에서도 마찬가지이다. 특히 일본에서는 전후(戦後)에 국립국어연구소를 중심으로 언어학적인 관점에서 대규모의 어휘조사가 왕성하게 이루어지게 되어 오늘날에 이르고 있다.

최근의 어휘조사는 대량의 단어를 취급하는 경우가 많기 때문에 통계적 수법을 사용한다. 이를 위하여 컴퓨터를 사용한 데이터 처리가 일반화되고 있다.

통계적인 방법에 의해 어휘의 양적인 모습을 명확히 하는 어휘론을 계량어휘론(計量語彙論)이라고 한다. 이 경우에는 어휘를 구성하는 하나하나의 단어가 모두 셀 수 있는 단위로서 동질적인 것으로 취급된다. 어휘의 집합으로서의 성질을 무엇보다도 잘 반영하고 있는 분야라고 할 수 있다.

어휘조사를 하는 방법에 있어서는 조사대상과 조사단위를 확실하게 해둘 필요가 있다.

첫째, 전수조사(全数調査)를 할 것인가, 샘플조사를 할 것인가 하는 점이다. 전수조사는 조사대상이 되는 어휘를 구성하는 전체의 단어를 취급하는 조사이다. 일반적으로 전수조사는 문학작품을 대상으로 하는 조사의 경우에 종종 실시된다.

한편, 샘플조사는 조사대상으로 하는 어휘 전체인 모집단(母集団)

으로부터 일정한 기준에 따라 추출된 표본인 샘플을 조사하여 그 결과로부터 전체를 추정하는 조사방법이다. 이 경우 샘플이 모집단의 상태를 얼마나 충실히 반영하고 있는가가 문제가 된다. 샘플조사는 신문이나 잡지 등을 대상으로 한 대규모적인 조사를 할 때에 종종 이루어진다.

둘째는 조사단위를 어떻게 할 것인가 하는 문제이다. 일본어의 경우 자립어(自立語)만을 대상으로 할 것인가 부속어(付属語)를 포함할 것인가, 단어를 단위로 해서 셀 것인가 어구를 단위로 해서 셀 것인가, 복합어를 분해할 것인가 아닌가라는 점이 문제가 된다. 조사단위에 있어서는 일률적으로 어떤 것이 좋고 어떤 것이 나쁘다고 할 수 없다. 그 어휘조사를 무슨 목적으로 하는가라는 점이 더욱 중요하다.

어휘조사에 있어서 또 한 가지 이해를 해야 할 것은 일반적으로 단어를 세는 방법에는 두 가지가 있다는 점이다. 연어수와 별개어수가 그것이다. 연어수(延べ語数)는 같은 단어가 여러 번 나오더라도 그 때마다 1개씩 세는 방법으로 이렇게 해서 얻어진 단어수를 말한다. 별개어수(異なり語数)는 같은 단어가 몇 번씩 나오더라도 1개의 단어로만 세는 방법이다.

여기에서 실제로 어떻게 어휘조사를 하는지를 살펴보도록 하자. 먼저, 조사 대상에 몇 개의 단어가 포함되어 있는가, 즉 어떤 대상의 어휘량은 얼마나 되는가를 알아내는 것이다. 어휘는 단어의 집합이라고 하였는데, 보통 그 경우의 단어는 별개어를 나타낸다.

「사용빈도」는 일정한 범위에서 사용된 횟수를 말한다. 전체 중에서 차지하는 그 횟수의 대소 순위는 「빈도순위」이다. 이렇게 하여 어떤 단어의 사용빈도가 전체의 연어수에서 차지하는 비율을 「사용

률」이라고 한다. 사용률은 주로 퍼센트(%；パーセント, 百分率)로 나타낸다. 즉 어떤 단어의 사용률은 전체의 연어수 분의 그 단어의 사용빈도×100이 된다. 대규모적인 어휘조사에서는 ×1000, 즉 퍼밀(‰；パーミル, 千分率)이 사용된다.

어휘조사의 결과를 보면 전체의 단어 중에서 사용률이 높은, 즉 사용빈도가 높은 비교적 소수의 단어가 연어수(延べ語数) 전체에 대한 커다란 비율을 차지함을 알 수 있다. 예를 들어 일본 국립국어연구소가 1956년 1년분의 잡지 90부를 대상으로 해서 실시했던 어휘조사를 보도록 하자. 이 조사는 샘플조사로 실시되었고 표본의 연어수가 약 53만 단어, 별개어수가 약 4만 단어이다. 조사 결과는 사용률이 높은 상위 2천단어가 연어수 전체의 약 70%를 차지하고 있음을 알려주고 있다.

3. 어휘의 분류

어휘량을 파악하여 그 중요도를 제시하는 것은 매우 중요한 작업이다. 그러나 이때는 어휘의 구성면은 소홀해지기 쉽다. 어휘를 내용적인 구성면에서 분류하면 훨씬 중요한 결과를 얻을 수도 있다. 이와 같이 어휘의 질적 차이를 찾아보면 어휘 안에는 몇 개의 작은 그룹을 설정할 수 있게 된다. 어휘가 정해지면 그것을 일정한 관점으로 분류하는 것이 가능해지는 것이다. 어떠한 관점에 의해 분류하는가는 어휘의 성질, 분류의 목적 등에 따라 달라진다.

일본어의 어휘를 분류할 때에 사용되는 관점에는 보통, 의미·어종·어구성·문법기능이라는 네 가지가 중요하게 활용된다. 이 중에서 「문법기능」에 대해서는 다음 장에서 논할 것이기 때문에 여기에서는 의미·출처·어구성에 대해 살펴보도록 한다.

3.1 의미에 따른 분류

의미에 따라 어휘를 분류할 때에는 두 가지의 관점으로 생각할 수 있다. 하나는 단어 하나하나를 개념 체계의 어딘가의 항목에 소속시켜서 분류를 하는 것이고, 또 하나는 각각의 단어에 대해 몇 개의 유형화된 형태를 설정하여 분류를 하는 것이다.

개념에 따른 항목으로 분류를 한 것으로는 1852년에 영국의 로제(Roget)가 작성한 『Thesaurus of English Words and Phrases』가 유명하다. 이 책은 영어의 어휘를 의미별로 6종 1000항목으로 분류, 정리한

것으로 평판이 아주 좋았다. 그래서 이후 체계적인 의미 분류에 의한 어휘를 일반적으로 시소러스(シソーラス)라는 명칭으로 부르게 되었다. thesaurus는 보물창고라는 뜻으로 여기에서는 지식의 보고(宝庫)를 나타낸다.

로제의 시소러스와 같은 어휘 분류의 시도가 일본에서도 있었는데 가장 유명한 것은 1964년에 국립국어연구소가 편찬한 『분류어휘표(分類語彙表)』이다. 이 책에서는 일본어의 어휘 약 32600단어를 크게 4류 (체언류, 용언류, 상태류, 그 외) 11항목 (전 분류 항목은 798항목)으로 분류 정리하였고, 권말에는 전 수록어의 50음순 색인이 붙어 있다.

이 『분류어휘표』는 2004년에 『分類語彙表—増補改訂版』으로 발전한다. 증보개정판(増補改訂版)에는 원판의 3배에 달하는 용어가 선정되어 별개어수 약 8만 단어, 하나의 단어가 복수의 분류항목에 들어가는 경우가 있기 때문에 수록한 총 단어 수는 약 9만6천 단어이다.

『분류어휘표—증보개정판』 (2004)의 서문에 다음과 같은 통계가 제시되어 있다.

종 류	연어수	별개어수
체언류	64,457	56,130
용언류	21,605	16,704
상태류	8,879	7,357
그 외	870	789
전 체	95,811	79,516 (주)

(주)별개어수는 각각의 종류 안에서 계산한 것이기 때문에 별개어수를 합계하여도 전체의 수치와 일치하지 않는다.

어떤 어휘 안에 유형화된 의미적 관계를 설정하여 분류하는 방법에서는 단어와 단어 사이에 성립하는 의미적 관계에 있어서 어떠한 유형을 인정할 것인가가 문제가 된다. 일반적으로 유의어, 동의어, 대의어, 상위어와 하위어 등이 주된 관점이다. 의미에 따른 어휘의 분류에 있어서는 위에서 본 항목별 분류와 여기에서 보는 유형적 분류가 유기적 관계를 갖고 있다고 할 수 있다.

3.1.1 유의어와 동의어

유의어(類義語)란 같은 언어에 있어서 어형은 다르지만 의미가 서로 비슷하여 경우에 따라서는 대체하여 사용할 수도 있는 두 개 이상의 단어를 말한다. 즉, 어떤 단어 A의 의미와 다른 단어 B의 의미가 아주 비슷할 때 이들은 서로 유의관계(類義関係)에 있다고 하며 단어 A와 단어 B를 유의어라고 하는 것이다. 유의어를 일본어에서는 「類語」라고도 한다. 다음과 같은 예를 볼 수 있다.

「おこる：いかる」「両親：父母」「干す：乾かす」
「先生：教師」「おそらく：たぶん」「勉強する：まける」
「しかし：けれども」「生徒：学生」「木：樹木」
「あがる：のぼる」「きょう：本日」「宿屋：旅館：ホテル」
「綺麗だ：美しい」「貯金：預金」「集まり：集い」

이와 같은 종류에는 다음과 같이 의미의 핵심적, 개념적 부분이 동일한 경우가 있다. 이를 동의어(同義語, 同意語)라고 한다.

「卓球：ピンポン」「即刻：即時」
「投手：ピッチャー」「あした：あす」
「捕手：キャッチャー」「双子：双生児」

3.1.2 대의어

어떤 의미특징에서 대립하는 단어의 세트를 대의어(対義語)라고 한다. 즉 어떤 단어 A의 의미와 다른 단어 B의 의미가 어떤 점에 있어서는 공통되면서도 다른 어떤 점에 있어서는 대립된 관계에 있는 경우에 양자는 대의관계(対義関係)에 있다고 하며 단어 A와 단어 B를 서로 대의어라고 부른다. 반대어나 반의어라는 표현을 사용하는 경우도 있으나 반드시 반대적인 의미에서만 사용되는 것은 아니기 때문에 전문적으로는 대의어라는 용어를 많이 쓰고 있다.

대의어는 몇 가지의 관점에서 분류할 수가 있다. 먼저, 상보적인 관계에 있는 쌍이 있다. 이것은 어떤 개념 영역을 2분하는 관계에 있는 것으로 한쪽을 부정하면 이미 한쪽은 성립하는 경우이다. 예를 들면 「있다」와 「없다」의 관계에서 「있다」를 부정하면 「없다」와 의미가 같게 된다. 이와 같이 상보적인 관계에 있는 대의어에는 「ある／ない」, 「男／女」, 「裏／表」, 「出席／欠席」, 「等しい／異なる」 등이 있다.

상대적인 관계에서 성립하는 대의어가 있다. 이것은 정도성을 중심으로 구별한 것으로 양자의 사이에 명확한 구별이 없이 중간단계를 개입시켜 양자가 연속하고 있는 관계이다. 이 관계에서는 한쪽을 부정해도 반드시 다른 쪽을 의미하지는 않는다. 「크다」와 「작다」가

이런 경우인데 「크지 않다」는 것을 반드시 「작다」라고는 할 수 없다. 이와 같은 종류에는 「大きい／小さい」, 「広い／狭い」, 「多い／少ない」, 「安い／高い」, 「高い／低い」, 「長い／短い」 등이 있다.

반대적인 관점에서 성립하는 대의어가 있다. 이것은 시점의 차이가 많이 관여하게 된다. 예를 들면 「가다」와 「오다」의 경우, 어느 쪽에서 표현하는가가 중요한 요소가 된다. 이와 같은 종류에는 「行く／来る」, 「買う／売る」, 「着る／脱ぐ」, 「上り坂／下り坂」, 「結ぶ／ほどく」 등이 있다. 반드시 반대적인 입장은 아니지만 「부모」와 「자식」, 「선생」과 「학생」과 같이 쌍방이 각각의 입장에서 표현하는 대의어도 있다.

대의어는 한 쌍의 단어가 주로 다루어지지만 대의관계에 있는 단어가 반드시 한 단어와 한 단어의 관계에 한정되는 것은 아니다. 예를 들면 「봄·여름·가을·겨울」과 같이 두 개 이상이 세트로 존재하는 대의어가 있는데 이와 같은 것은 특별히 「대어(対語, ついご)라 부르기도 한다. 이런 종류의 예에는 「春 · 夏 · 秋 · 冬」, 「朝 · 昼 · 晩」, 「気体 · 液体 · 固体」 「グー · チョキ · パー」 등이 있다.

3.1.3 상위어와 하위어

어떤 단어 A의 의미범위 안에 다른 단어 B의 의미범위가 완전히 포함될 때, 단어 A를 단어 B의 「상위어(上位語)」, 단어 B를 단어 A의 「하위어(下位語)」라고 한다. 일반적으로 용언보다는 명사 쪽에서 이런 관계가 성립하기 쉽고, 추상명사(抽象名詞)보다는 구상명사(具象名詞) 쪽에서 성립하기 쉽다.

상위어 : 하위어

「野菜」: 白菜, 大根, ほうれん草, なす, 人参, カボチャ
「木」 : くすのき, ひのき, 松, くぬぎ, 栗の木, けやき
「品詞」: 名詞, 動詞, 形容詞, 形容動詞, 副詞, 感動詞
「植物」: 木, 野菜, 花, 草, ジャガ芋, こけ
「動物」: 犬, 猫, 猿, 羊, こうもり, かんこどり

동일한 상위어에 복수의 하위어가 같은 레벨로 존재하는 경우에 이들을「등위어(等位語)」라고 한다. 예를 들어 상위어 「학생」에 대한 하위어 「남학생」「여학생」, 상위어 「사람」에 대한 하위어 「남자」「여자」는 각각 등위어이다.

3.2 어종에 따른 분류

어종(語種)이란 어떤 단어가 원래 어느 언어에 속하였는가라는 출처에 의해 분류한 종별을 말한다. 현대일본어의 어휘를 구성하는 각종 단어는, 역사적으로 거슬러 올라가면 일본어 본래의 고유어 외에, 적지 않은 수의 단어가 여러 시대에 외국어로부터 유입된 것이다.

현대일본어의 어종에는 고유어와 차용어가 있고, 차용어는 크게 한자어와 외래어로 나뉜다. 또한 이들이 두 개 이상으로 조합된 혼종어가 있다. 일본어의 어종 구성은 〈표6〉과 같다.

〈표6〉 단어의 어종에 의한 분류

<table>
<tr><td rowspan="4">단어</td><td>고유어</td><td>고유일본어</td><td>ねこ, いぬ, やま, かわ, はな, あるく, みる, め, て, かお, あたま, くち</td></tr>
<tr><td rowspan="2">차용어</td><td>한자어</td><td>草木, 人間, 図書, 運動, 感動, 動物, 学校, 教室, 授業, 出席</td></tr>
<tr><td>외래어</td><td>ワイシャツ, ビール, テレビ, ラジオ, チョコレート, スカート, ポケット</td></tr>
<tr><td></td><td>혼종어</td><td>夕刊, 風呂敷, 窓ガラス, スピード計, 愛する, 彼女, 気持ち, 感じる</td></tr>
</table>

고유어는 고유일본어를 말하는 것으로 「和語(わご)」 또는 「大和言葉(やまとことば)」라고도 한다. 고유일본어 안에는 매우 오래된 시대에 중국어(「うま[馬]」「うめ [梅]」) 등에서 들어왔다고 전해지는 것도 있지만 지금은 차용어 의식이 거의 없기 때문에 고유일본어에 포함하여 생각한다. 「상용한자표」에도 「馬(うま, ま)」「梅(うめ)」는 훈독으로 되어 있다.

차용어 중에서 한자어는 기본적으로 예부터 중국어에서 차용한 단어를 말하는데 일본에서 만들어진 한자어를 포함한 개념으로 사용하는 것이 일반적이다. 일본에서는 주로 한어(漢語)라고 표현한다. 「경제(経済)」는 중국어에도 있었으나 중국어에서의 경제는 「経国済民」이 줄어든 말이고 일본어에서의 경제는 「経世済民」이 줄어든 말이다. 이와 같이 원래 중국어에 있더라도 일본어에서 새로운 또는 근대적인 의미로 사용된 한자어를 「新漢語」라고 한다. 「経済, 文化, 演説, 化学, 銀行, 地球」와 같은 예가 있다.

일본에서 조합된 일본제한자어는 「和製漢語(わせいかんご)」라고 불리는데 다음과 같은 두 종류가 있다.

(1) 중세이후에 원래 있던 고유일본어를 한자로 표기하여 훈독으로 사용하다가 그것을 시대의 흐름과 더불어 한자를 음독함으로서 만들어진 것이 있다. 예를 들어 「大根」은 「おほね」라는 고유일본어에 의미상 대응을 하는 「大根」을 대입하여 「おほね」라고 읽다가 나중에 「大根」을 음독하여 「だいこん」으로 읽게 된 것이다. 「返事, 出張」 등이 이런 종류이다.

(2) 근세후기에 네덜란드어나 영어를 번역할 때에 만들어진 것이 있다. 예를 들면 「哲学, 科学, 郵便, 共産主義」 등 우리에게 친숙한 용어들이 많은데 이와 같은 용어는 현대중국어에서 사용되는 경우도 많다.

외래어는 서양어로부터의 차용어가 대부분으로 그러한 점에서 서양어라고 할 수도 한다. 그래서 「洋語」라고 하는 경우도 있다. 그러나, 중국어에서 들어온 것이라도 근대이후에 들어온 「餃子(ギョウザ), 麻雀(マージャン)」 등은 외래어에 포함한다.

일본에 외래어가 최초로 들어온 것은 중세 말부터 근세초기에 걸쳐서라고 볼 수 있는데 이때는 포르투갈어, 스페인어, 네덜란드어로부터 많은 단어가 들어왔다. 에도시대 말엽부터 메이지시대 이후에 걸쳐서는 영어, 독일어, 프랑스어, 이탈리아어 등 여러 언어로부터 단어가 들어와 있다.

- **포르투갈어**: カッパ, タバコ, カステラ, カルタ, パン, ボタン
- **스페인어**: メリヤス
- **네덜란드어**: コーヒー, ビール, ガラス, コップ, ゴム, アルコール, コンパス, セメント, フラスコ, ポンプ

· 영 어　　：ハイカラ, メリケン, バケツ
· 독 일 어　：テーゼ, カルテ, テーマ, ホルモン, イデオロギー
　　　　　　ゲレンデ, ザイル, リュックサック
· 프 랑 스 어：マント, ズボン, オムレツ, アトリエ
· 이탈리아어：チェロ, オペラ, テンポ, スパゲッティ, ピザ
· 러 시 아 어：ノルマ

포르투갈어가 기원인 단어에는 「カッパ(合羽), テンプラ(天麩羅), タバコ(煙草)」와 같이 한자로 표기하는 경우도 많기 때문에 외래어라는 의식이 많이 엷어진 단어로 볼 수 있다. 「テンプラ」의 어원에 관해서는 이설도 있다. 네덜란드어를 일본에서는 「オランダ語」라고 한다.

현재는 영어로부터의 외래어가 압도적으로 많지만 그 중에는 원래의 의미와는 차이가 있는 뜻으로 일본에서 사용하는 외래어도 있다. 이를 일본제영어(和製英語)라고 한다. 「マイホーム, オートバイ, サラリーマン, ナイター」 등의 예가 있다. 또한 서로 다른 외래어가 조합된 경우도 있는데 「テーマソング, ロールパン」 등의 예를 볼 수 있다.

혼종어(混種語)는 어종이 다른 단어의 조합에 의해서 생긴 단어이다. 기본적인 조합의 형태는 다음과 같은 세 가지가 있는데, 이들이 더 복잡하게 조합되어 만들어진 단어도 있다.

「고유일본어+한자어」：相手役(あいてやく), 新聞種(しんぶんだね)
「한자어+외래어」　　：磁気ディスク, ドラフト制度
「고유일본어+외래어」：歯ブラシ, 革ベルト

한 단어 안에 음독과 훈독이 혼재하고 있는 한자어도 일종의 혼종어로 볼 수 있다. 즉 「場所」와 같이 「훈+음」으로 구성된 「湯桶読み」, 「台所」와 같이 「음+훈」으로 구성된 「重箱読み」도 혼종어로 볼 수 있는 것이다.

이상에서 살펴본 대로 어종은 역사적인 관점에 의한 분류이다. 그러나 어종은 현대어의 어휘를 생각하는 데에 있어서도 중요한 의미를 갖고 있다. 왜냐하면 각각의 어종에 속한 단어가 일정한 특징 또는 경향을 다양한 면에 걸쳐서 갖고 있기 때문이다.

이와 같은 어종의 양적 구성을 보면 별개어수에 있어서는 한자어가 사용되는 비율이 가장 높고, 연어수에서는 고유일본어가 가장 많다. 외래어도 별개어수는 많지만, 연어수의 비율은 그다지 높지 않다.

이것이 의미하는 것은 고유일본어는 한자어에 비해 기본적인 단어가 많기 때문에 여러 번 반복되어 사용되고 있다는 것이다. 외래어도 많이 사용되고 있는 듯이 보이긴 하지만, 기본적인 단어는 많지 않다. 고유일본어는 현대어에 있어서도 중심적인 위치를 차지하고 있다고 볼 수 있는 것이다.

3.3 어구성에 따른 분류

어구성(語構成)이란 어휘를 구성하는 각각의 단어에 대해 그 이상 의미를 가지는 부분으로 나눌 수 있는가 없는가, 나눌 수 있는 경우에는 그들의 구성요소 사이에 어떠한 관계가 성립하는가와 같은 단어의 구성을 말한다.

예를 들면, 단어 중에는 「人」「空」「雲」 등과 같이 그 이상 의미를 가지는 부분으로 나눌 수 없는 것과 「春風」「青空」「雨雲」와 같이 의미를 가지는 작은 부분으로 나눌 수 있는 것이 있는데, 이와 같은 단어의 구성을 어구성이라고 하고, 이를 연구하는 분야를 어구성론이라고 하는 것이다.

어구성론에 있어서는 단어의 구성요소를 일반적으로 형태소(形態素, morpheme)라고 부른다. 형태소는 의미를 가진 최소의 단위로 풀이된다. 예를 들면 「春一風」「青一空」「雨一雲」와 같이 분리된 각각의 부분이 형태소이다. 이와 같은 형태소의 일반적인 성질이나 형태소 사이의 접속법 등을 연구하는 분야를 전통적으로 형태론(形態論, morphology)이라고도 한다.

형태소는 그 기능에 따라 어기(語基)와 접사(接辞)로 크게 나뉜다. 어기는 단어를 구성할 때의 의미적인 기본이 되는 것이고, 접사라는 것은 항상 어기의 앞이나 뒤에 붙어 어기의 의미를 보충하거나 문법적인 기능을 담당하는 것이다. 「春」「風」 등은 어기이고, 「お祝い」「楽しみ」에 있어서의 「お」「み」 등이 접사이다.

접사는 어기의 앞에 붙는 접두사(接頭辞)와 뒤에 붙는 접미사(接尾辞)로 크게 나뉜다. 접두사를 접두어, 접미사를 접미어라고 하는 경우가 있으나 이들은 독립적으로 단어를 구성할 수 없기 때문에 접두사, 접미사가 맞는 표현이다.

접두사는 어기에 보조적인 의미를 부여하는 것이 주된 역할이지만, 접미사는 의미와 함께 어기의 품사성을 결정하는 역할을 담당하고 있다. 예를 들면 접미사 「さ」나 「み」는 형용사 어간을 명사화하고, 「がる」나 「まる」와 같은 것은 형용사 어간을 동사화하는 기능을 담당하고 있다. 「っぽい」와 같이 명사나 형용사, 동사에 같이 사용되어 형용사를 만드는 것도 있다.

「さ」 ：深さ, 痛さ, 美しさ, 大きさ, 重さ, 嬉しさ
「み」 ：楽しみ, 深み, 甘み, ありがたみ
「がる」：寒がる, ほしがる, 強がる
「まる」：高まる, 弱まる
「っぽい」〈명사〉 ：女っぽい, 子供っぽい, 色っぽい
〈형용사〉：安っぽい, 荒っぽい, 白っぽい
〈동사〉 ：飽きっぽい, 怒りっぽい, 湿っぽい

이 밖에도 「的(刺激的), 性(耐熱性), 力(読解力)」 등 여러 종류의 접미사가 있다.

일본어의 단어를 어구성의 관점에서 분류하면 〈표7〉과 같다. 단순어는 어기 하나로 되어 있는 단어이고 합성어는 어기가 둘 이상 모여서 복합어가 되거나 어기에 접사가 붙어서 파생어가 되거나 한다.

〈표7〉 어구성에 의한 단어의 분류

<table>
<tr><td rowspan="3">단어</td><td>단순어</td><td></td><td>手, 足, 日, 山, 木, 春, 風, 花, 食べる, 飲む, 見る, 回る, 安い, また, そして, すぐ</td></tr>
<tr><td rowspan="2">합성어</td><td>복합어</td><td>手足, 焼き芋, 春風, 月見, 花見, 書き表す, 心細い, 安物, 落ち葉, 飲み過ぎ</td></tr>
<tr><td>파생어</td><td>楽しさ, 友達, お祝い, 酒屋, 合理的, 高まる, 春めく, 男っぽい</td></tr>
</table>

합성어에서는 전항과 후항이 결합할 때 음이 변화하는 현상이 발생하는 경우가 있다. 예를 들면, 연탁음현상(心細い), 모음교체현상(雨音), 음운첨가현상(春雨), 촉음화현상(突っ走る) 등의 현상이 종종 발생한다.

복합어에 대한 연구는 각 형태소간의 관계에 대한 연구가 활발하게 진행되어 왔다. 즉, 명사+명사와 같은 품사적인 측면이나, 주어·술어관계와 같은 의미의 관점, 주격관계·대격관계와 같은 격관계 등에서 활발하게 논의가 진행되었다.

4. 위상어

위상(位相, phase)이란 어떤 언어의 사용자가 속한 사회집단이나 장면의 차이에 따라 달라지는 각 분야에 있어서의 언어의 양상을 말한다. 위상어(位相語)는 이와 같은 어떤 특정한 위상에서 사용되는 말을 가리킨다. 위상어는 어휘 면에서 현저하게 나타난다.

위상어는 표현주체와 표현양식에 의해 구분할 수가 있다. 표현주체에 의한 차이는 언어 사용자가 속해 있는 사회집단의 차이에 의해 언어상의 차이가 생기는 것으로, 거주 지역에 의한 공통어와 방언, 남성어와 여성어, 유아어와 노인어, 직업의 차이에 의한 직업어 또는 전문어 등이 있다.

표현양식에 의한 차이는 언어를 사용하는 장면과 말하는 상대의 차이에 의해 언어상의 차이가 생기는 경우로, 경어체를 써야하는 장면인가 보통체를 필요로 하는 장면인가, 상대와의 상하관계나 친소관계를 화자가 어떻게 인식하고 있는가, 대화체인가 문장체인가 등에 의해 생기는 차이를 말한다. 표현양식에 따른 위상어는 주로 문체론이나 경어론에서 취급한다.

표현 주체에 의한 위상어는 다음과 같이 구분하여 설명할 수 있다. 먼저, 거주 지역에 따른 차이로 공통어와 방언(方言)의 문제가 있다. 일본어에는 각 지역방언이 많이 발달되어 있는 편이다. 현재 공통어로 쓰이고 있는 일본어는 여러 지역방언 중의 하나인 도쿄방언이다. 이 도쿄방언이 전국공통어의 역할을 하고 있는 것이다. 방언과 공통어에 관해서는 제7장에서 다시 다룬다.

4.1 남성어와 여성어

남성어와 여성어의 차이는 성별(性別)에 의한 차이를 말한다. 넓은 뜻으로는 남성이 사용하는 모든 말을 남성어, 여성이 사용하는 모든 말을 여성어라 하고, 좁은 뜻으로는 남성만이 사용하는 특징적인 말, 여성만이 사용하는 특징적인 말을 각각 나타낸다. 일반적으로는 후자를 가리킨다.

성별에 따른 일본어의 차이는 주로 인칭대명사, 감동사, 종조사 등에서 자주 나타난다.

- **인칭대명사** **남성어** : 僕, 俺, 君
  여성어 : あたし, あたくし, あたい, うち
- **감동사** **남성어** : おい, ほう, なあ
  여성어 : あら, まあ, ちょいと
- **종조사** **남성어** : ぜ, ぞ, な
  여성어 : よ, わ, かしら, あそばせ, のよ, わね
- **일반용어** **남성어** : 食う, 飯, うまい
  여성어 : 食べる, ご飯, おいしい, かしこ

근대 이전의 일본어에는 남녀 간의 차이가 언어표현에 많이 나타났다. 무로마치시대(室町時代)에 궁중이나 막부(幕府)에서 일한 궁녀들이 사용한 뇨보고토바(女房詞)에서 비롯된 것이 많은 미화어와 같은 용어가 여성의 특징적인 표현으로 사용되었기 때문이다. 미화어는 현재의 여성어에도 많은 영향을 끼쳤다.

최근에는 이전만큼 남녀 간의 차이가 크게 나타나지는 않는다. 특히, 일반용어에 있어서는 그 차이가 뚜렷하게 나타나지 않는 것이 현

실이다. 종조사 「だね, だよ, じゃん」 등은 남녀 구분 없이 사용되고 있고, 한 때 품위 있는 여성어의 대표격이었던 「てよ, だわ」와 같은 종조사는 「オネェ言葉」로 과장되게 사용되기도 한다.

그러나, 인칭대명사를 비롯하여 지금도 남녀 간의 구분이 뚜렷한 현상도 유지되고 있다. 여성어의 특징으로는, 딱딱한 한자어보다는 부드러운 어감을 가지고 있는 고유일본어 쪽을 많이 사용한다는 점, 미화접두사 「お」를 지나칠 정도로 많이 사용하는 경향이 있다는 점 등을 들 수 있다.

4.2 유아어와 노인어

연령에 따라 언어표현에 차이가 나타날 수 있는데 이와 같은 특징적인 말을 유아어·성인어·노인어로 구분할 수 있다. 유아어에 대해서는 언어습득 과정의 연구와 같은 측면에서 활발히 논의되고 있으나, 노인어에 대해서는 별로 연구되고 있지 않다. 성인어는 가장 보편적으로 사용되는 언어이다.

유아어는 유아가 자발적으로 말하는 경우도 있으나, 많은 경우 주변 사람들이 유아에게 말하는 것을 유아가 듣고 따라하면서 형성되는 경우가 많기 때문에 육아어(育児語)로 불리는 경우도 있다. 유아어에 대해서는 다음과 같은 여러 가지 특징이 지적되고 있다.

- **음운변형 :** おちゃかな(魚), こえ(これ), あえ(あれ)
- **구개음화 :** ジューチュ(ジュース), デチュ(です)
- **반 복 형 :** おてて(手), おべべ(服), ジージー (祖父), バーバー (祖母)

· **의성어의 다용** : ニャンニャン(猫), ワンワン(犬), モーモー(牛), ブーブー(車), ポッポ(鳩)
· **의인화** : ぞうさん, ことりさん, にんじんさん, きりんさん
· **발음화(撥音化)** : ねんね(寝ること), まんま(ご飯)

노인어는 고령자에게서 특징적으로 보이는 어휘나 표현을 말한다. 노인어로 분류되고 있는 용어를 살펴보면 다음과 같다.

· **대 명 사** : わし
· **문말표현** : じゃ, のう, わい
· **일반용어** : いいなずけ, 婚礼, あきんど, 朝湯, 今時分, おとつい, おなご, かわや, 御仁, 舎弟, ゆるり, 離縁, わっぱ

일반적으로 젊은층은 신어나 유행어, 외래어 등에 민감하게 반응하는데 비해 노인층은 이와 같은 흐름에 둔한 경향이 강하다. 신어와 유행어에 대해서는 후술한다.

4.3 직업어와 전문어

직업어란 어느 특정한 직업집단에 속한 사람들에 의해 사용되는, 그 직업의 성격에 근거한 특수한 어휘 즉 직업의 차이에 따라 생긴 말을 가리킨다. 전문어도 거의 비슷한 의미이지만, 전문어는 어떤 특정한 직업에 종사하는 사람뿐만 아니라 특정한 학문분야나 특정한 업계 등에서만 사용되는 말을 포함한다.

일반적으로는 두 용어가 혼용되는 경우가 많다. 예를 들면, 경찰이 사용하는 「ホシ」「ガイシャ」「タレコミ」 등은 경찰어이고, 의사들이 사용하는 전문어로는 「オペ」「カルテ」 등이 있다. 연극계에서 사용되는 「大部屋」「くろこ」 등은 연극용어라고 하는 직업어이다.

이와 같은 용어는 그 사회 안에 있는 사람들에게만 통하는 암호 같은 성격이 강하여 일종의 은어(隠語)라고 볼 수도 있다. 그러나 은어는 직업이라기보다는 특정한 이해 집단에서 발생하는 경우가 많다. 은어에는, 「サツ(警察)」「ドヤ(宿屋)」와 같이 야쿠자나 도둑들 사이에서 사용되는 용어나, 「エスケープ」「代返」「学食」와 같이 학생들 사이에서 사용되는 용어 등이 있다. 「ドヤ(宿屋)」는 「宿」를 거꾸로 읽었다는 설도 있다. 매스컴에서 주로 쓰는 「ねた」는 「種」를 거꾸로 읽은 것이다.

어촌에서 어부들이 주로 사용하는 「沖言葉(おきことば)」와 같이 특정한 직업이나 집단에서 발생하여 특정한 지역사회에서는 생활어휘로 사용되는 것이 있다. 이러한 말 중에는, 재수가 나쁜 일이나 꺼려야 하는 것을 말하는 것을 피해 다른 말로 표현하려고 하는 터부어(忌み言葉)가 많다.

직업어나 전문어는 생활권의 확대나 매스컴의 발달에 의해 위상어에 머무르지 않고 일반어화되는 경우도 허다하다. 예를 들면 연극용어에서 들어온 「おはこ(十八番)」와 그에 의해 파생된 「じゅうはちばん」, 「二枚目」 등은 이미 일반 용어로 사용되고 있다. 「学食」와 같은 학생용어도 일반용어화되어 있다고 볼 수 있다. 「お開き」 (=閉会), 「あたりめ」 (=するめ), 「あがり」 (=お茶), 「ありのみ」 (=なし)와 같은 터부어가 일반용어화되는 경우도 있다.

여기에서 「십팔번(十八番)」에 대하여 좀 더 구체적으로 살펴보도록 하자. 한국어에서도 「십팔번」이라는 소리를 가끔 듣는 경우가 있다. 십팔번이란 어떤 분야에서 특별히 잘하는 것이나 재주를 말한다. 한국에서는 주로 잘하는 노래를 가리키는 경우가 많다.

일본어에서는 「十八番」이라고 써서 「おはこ」라고 읽는데, 이것은 일종의 숙자훈이다. 「お」는 존경이나 미화접두사로 쓰이는 접사이고, 「はこ」는 「箱」 즉 상자를 뜻한다. 굳이 말하자면 「소중한 상자」 정도의 뜻이다.

이는 에도시대 말기의 가부키(歌舞伎) 배우인 7대째 이치카와단주로(市川団十郎)가 자기 집안에 대대로 내려오는 특기를 기록한 책자를 상자에 넣어 소중하게 보관해 와서 붙여진 이름이다. 그 특기가 18종류였기 때문에 「十八番」이라는 한자를 대입하게 된 것이다. 즉 「歌舞伎十八番」이 줄어든 것이다. 따라서 「おはこ」가 정식용어인데, 한자어 「十八番」이 일반화되다 보니 「じゅうはちばん」이라는 표현도 나중에 쓰이게 되면서 일반화되었다. 그리고 한국어에서는 이 한자어를 한국어음으로 읽게 된 것이다.

제5장

문 법

1. 문과 문법

문법(文法)이란 문(文)을 구성하는 법칙 또는 구조적인 틀이나 규범을 말한다. 문을 구성할 때 우리는 이 법칙에 따라 요소를 배열하고 있다. 즉 우리는 문법에 따라 요소를 조합하여 일상 언어활동을 하고 있는 것이다. 물론, 문법보다 말이 먼저이고 문법이라는 것은 문법학자가 문 구조를 정리해 둔 것이지만, 그 말이라는 것이 일정한 법칙에 의해 나열되고 조합되어 의미전달에 사용되어 왔다는 것이다.

예를 들어보자. 우리가 일상생활에서, 「나는 물을 마신다」라는 하나의 상황을 표현하기 위해서는 「나」「는」「물」「을」「마신다」라고 하는 5개의 요소를 필요로 하고 이들을 적당히 조합해야 한다. 여기에서 「나」를 「사치코」나 「리사코」로 교체하거나 「물」을 「밥」으로, 「마신다」를 「먹는다」로 교체해서 다른 사례를 표현할 수 있다.

사람이 다양한 상황을 실수 없이 인식하고 표현할 수 있는 것은 한 개의 상황을 몇 가지 요소로 나누어 그들을 조합할 수 있기 때문이다. 이와 같이 문이라고 하는 것은 나누어진 요소를 조합해서 만든다. 물론, 이때에는 일정한 법칙, 즉 문법에 따라야 한다.

「일본어의 문법」은 일본어에 의한 언어활동 가운데 잠재되어 있는 법칙성을 찾아낸 것이다. 우리가 문법으로 배운 지식은, 그와 같은 법칙성을 이론적으로 종합한 것이다. 이것을 문법론(文法論) 또는 일반적으로 문법(文法)이라고 한다.

문법에 대한 이론적인 체계는 여러 가지가 있을 수 있다. 따라서 어느 한가지만이 옳다고는 할 수 없다. 일본어의 어떤 측면에 주목할 것인가, 그것을 어떻게 해석할 것인가에 따라 여러 가지 해석이

가능하기 때문이다. 일본어문법에서는 하시모토문법(橋本文法), 도키에다문법(時枝文法), 야마다문법(山田文法) 등이 잘 알려져 있다.

학교문법(学校文法)이라는 용어를 사용하는 경우가 있다. 학교문법이란, 일본 중·고교의 국문법 시간에 사용하는 문법을 말하는 것으로 「橋本文法」이 근간을 이루고 있다. 하시모토문법은 형태론적인 입장이 현저한 문법이론으로 한국어의 문법이론에도 많은 영향을 주었다. 학교문법에서 품사는 명사(대명사), 동사, 형용사, 형용동사, 부사, 연체사, 감동사, 접속사, 조사, 조동사의 10종으로 분류한다.

문이란 하나의 완결된 의사를 표명하기 위한 표현단위이다. 일반적으로는 마침표가 나올 때까지가 하나의 문이다. 문장은 이와 같은 문이 두 개 이상 계속되는 경우를 말한다. 실생활에서는 「문」과 「문장」이 별 차이 없이 쓰이는 경우도 있지만 엄밀하게는 다른 표현단위인 것이다.

일상적인 언어활동을 구성하는 기본적인 단위는 문(文)이다. 문에는 「뭐 먹고 싶니?」라는 질문에 「집밥」이라고 대답하는 단순한 경우도 있고, 무언가를 종합적으로 설명하려는 복잡한 것도 있다. 실제의 언어활동에 있어서는 한 개의 문을 사용하더라도, 전체의 흐름으로 보면 문을 차례로 연결하여 문장(文章)을 구성하는 것이 보통이다.

문의 구조에 있어서 일반적으로 문보다 작고 문을 직접 구성하는 단위를 「문의 성분」이라고 한다. 문의 성분은 문을 구성하는데 필요한 의미나 기능을 가진 것이다.

문의 성분보다도 한 단계 더 기본 단위로 문의 성분을 구성하는 것을 단어라고 한다. 이 외에 어휘론에서 살펴본 형태소라는 단위가 있다. 형태소는 의미가 나타낼 수 있는 더 이상 세세하게 분할할 수 없을 때까지 분리해서 얻을 수 있는 단위이며 의미를 나타내는 요소로서는 가장 작은 단위이다.

문법의 연구는 단어에 대한 연구와 문에 대한 연구로 크게 나눌 수 있다. 먼저 단어에 대해 살펴보자.

2. 단어

단어(単語)란 언어의 구성단위의 하나로 하나 이상의 형태소로 구성되어 있다. 전술한대로 단어를 일본어에서는 주로 「語(ご)」라고 한다.

단어를 형성하는 기본적인 요소는 형태소(形態素)이다. 형태소에는 어기(語基)와 접사(接辞)가 있다. 실질적인 내용을 나타내는 것이 어기이고 어기에 부착되어 사용되는 것이 접사이다. 접사는 앞에 붙는 접두사(接頭辞)와 뒤에 붙는 접미사(接尾辞)가 있다.

단어는 단순어와 합성어로 나눌 수 있다. 단순어(単純語)는 형태소 하나로 되어 있는 단어이다. 예를 들면 「鳥」「犬」「猫」「机」「椅子」와 같이 그 이상 세세하게 나누면 의미를 나타낼 수 없게 되어버리는 단어이다.

합성어(合成語)는 복수의 형태소로 구성된 단어를 말한다. 합성어는 다시 복합어와 파생어로 나눌 수 있다. 다음의 예에서 볼 수 있듯이 복합어(compound word)는 어기와 어기가 조합된 것이다.

草木, 通勤電車, 買い物, 安売り, 落ち着く, 円高, 山登り
紅白, 青臭い, 着物, 乗り合わせる, 田畑, 甲乙

파생어(derivative word)는 다음과 같이 어기에 접두사(prefix)가 붙거나 접미사(suffix)가 붙은 것이다.

お魚, おはな, 真っ青, か弱い, お母さん, 異邦人, 不自然
非常識, うつくしさ, 未成年, はやめ, 楽しみ, 健康的

2.1 품사

품사(品詞)는 단어를 그 자신이 가지고 있는 문법적인 기능의 차이나 형태 등에 따라 구별하여 각각의 그룹으로 나눈 것을 말한다. 품사를 분류하는 방법은 여러 가지가 있는데, 학교문법에서는 단어를 자립어(自立語)와 부속어(付属語)로 나누고 있다.

자립어는 단독으로 문절을 구성할 수 있는 단어를 말하며, 명사, 동사, 형용사, 형용동사, 부사, 연체사, 접속사, 감동사의 8종류가 포함된다. 한편, 부속어는 자립어에 부속하여 문법적 기능을 나타내는 단어로 조사와 조동사의 2종류가 있다. 학교문법에서 말하는 「형용사」를 일본어교육에서는 「イ形容詞」라 하고, 「형용동사」를 「ナ形容詞」라고 하는 점에도 주의할 필요가 있다.

2.1.1 명사

명사는 사물, 일, 모양 등을 가리켜 나타내며, 조동사 「だ」를 붙여 술어가 되거나 여러 조사를 붙여 보충성분이 되거나 한다. 명사는 일반명사(보통명사) 외에 고유명사, 형식명사, 대명사, 수사 등이 포함된다.

고유명사는 같은 종류 안에서 다른 것과 구분하기 위하여 사용되는 명사이다. 「東京」와 같은 지명, 「りさこ」와 같은 인명, 「日本」과 같은 국명 등이 이에 해당한다. 일반명사와 고유명사의 구별은 반드시 하나인가 다수인가라는 수량으로 구분하는 것은 아니다. 예를 들면 「태양(太陽)」은 하나 밖에 없지만 일반명사이다.

형식명사는 구체적인 의미를 나타내기 보다는 형식적으로 명사의 역할을 하는 것으로 다음과 같은 예를 볼 수 있고 이밖에도「の, あまり, はず, つもり」등이 있다.

- **こと**：日本に行ったことがある。
- **くせ**：知らないくせに知ったかぶりをする。
- **せい**：疲れたせいか, すぐ眠ってしまった。
- **ため**：日本語の上達のために毎日頑張っている。
- **ところ**：私も今帰ってきたところだ。

대명사는 명사나 명사구를 대신하여 사용되는 단어로 인칭대명사와 지시대명사가 있다. 인칭대명사(人称代名詞)에는「私, 君, 自分, 俺, 彼, 彼女」, 지시대명사(指示代名詞)에는「これ, それ, あれ, どれ」등이 있다.

수사(数詞)는 수를 나타내는 단어이다. 일본어의 수사에는 고유수사인「一つ, 二つ, 三つ」와 같은 종류와「いち, に, さん」과 같은 한자수사가 있다.「三人」「六十キロ」와 같이 조수사나 단위를 첨가하여 사용하기도 하며「りんごを二個食べる」처럼 연용수식성분으로 사용하기도 된다. 이들은 다시 수량을 나타내는「一つ, 2メートル, 5合」와 같은 기수사와 순서를 나타내는「一番目, 三個目, 5人目」와 같은 서수사로 분류하기도 한다.

2.1.2 동사

동사는 그 자체가 술어(述語)가 되고 활용(活用)하는 단어이다. 활용(conjugation)이란 일본어의 용언(동사, 형용사, 형용동사)과 조동사가 가지는 어형변화의 체계를 말한다. 활용하는 단어를 활용어라고 하며 활용어가 활용한 어형의 하나하나를 활용형이라고 한다.

동사는 동작·작용 등의 움직임을 나타내는 것과 상태를 나타내는 것이 있다. 대부분의 동사는 동작성동사이며 일부분이 상태성 동사이다.

① **동작성동사 :** 食べる, 飲む, 寝る, 書く, 走る
② **상태성동사 :** ある, いる, 違う, できる

동사는 타동성의 유무라는 관점에서 자동사(自動詞)와 타동사(他動詞)로 분류할 수 있다. 어떤 대상에 변화를 일으키는 움직임을 의미하고 목적격조사 「を」를 필요로 하는 것이 전형적인 타동사이고, 그러한 작용을 하지 않고 목적격조사를 필요로 하지 않는 동사를 자동사라고 한다.

① **자동사 :** 立つ, 冷める, 始まる, 見える, 変わる, すぼまる
② **타동사 :** 立てる, 冷ます, 始める, 見る, 変える, すぼめる

의지성의 유무라는 관점에서는 동사가 의지동사(意志動詞)와 무의지동사(無意志動詞)로 분류된다. 의지동사는 명령이나 희망, 가능, 금지, 권유의 표현이 가능하지만, 무의지동사는 이와 같은 형태를 갖지 않는다.

① **의지동사 :** 書く, 飲む, 走る, 泳ぐ, 食べる, 読む, 行く, 作る

② **무의지동사 :** 見える, そびえる, 延びる, ある, 流れる, 光る, しびれる, 痛む, ほてる

복합동사는 두개의 동사가 결합하여 한단어로 쓰이는 동사를 말한다. 「思い出す, 歩き始める, 走り回る, 押し続ける, 作り上げる」 등이 그와 같은 예이다. 앞부분의 동사가 전항동사이고 뒷부분의 동사가 후항동사이다.

2.1.3 형용사와 형용동사

형용사(形容詞)는 사물의 성질이나 상태를 나타내는 단어이다. 형용사 자체가 술어가 되고 활용한다. 주로 대소(大小), 장단(長短), 고저(高低), 신구(新旧), 호오(好悪), 선악(善悪), 색깔(色) 등의 뜻을 나타낸다.

형용사에 대하여 일본어교육에서는 「イ形容詞」라는 용어를 주로 쓴다. 형용사는 속성형용사(属性形容詞)와 감정형용사(感情形容詞)로 나눌 수 있다.

① **속성형용사 :** 温かい, 大きい, 暗い, 優しい
② **감정형용사 :** 嬉しい, 苦しい, 寂しい

형용동사(形容動詞)는 명사성을 가진 형용사라고 할 수 있는 단어로 명용사(名容詞)라고 불린 적도 있었다. 일본어교육에서는 「ナ形容詞」라 불리고 있다. 사물의 성질이나 상태를 나타내는 면에서는 형용사와 비슷하며, 그 자체가 술어가 되고 활용한다.

鮮やかだ, にぎやかだ, 真面目だ, 元気だ, 愚かだ, 活発だ
滑らかだ, 大雑把だ, 細やかだ, 穏やかだ, 手頃だ

문 안에서의 형용동사의 기능도 형용사와 거의 같다. 그러나, 단어의 형태와 활용 방법이 전혀 다르기 때문에 학교문법에서는 전통적으로 독립된 품사로 취급되어 왔다.

형용사를 「イ形容詞」, 형용동사를 「ナ形容詞」로 분류하는 것은 활용의 형태에 중점을 둔 것이다. 그러나 이 경우에도 연체형의 차이에 의하여 「イ형용사」, 「ナ형용사」라고 부르고 있기 때문에 결국은 두 품사로 나누어서 살펴볼 수밖에 없다. 일본어교육에서 주로 사용하는 「イ형용사」 「ナ형용사」라는 개념은 서양에서 온 학생들에게 교육적 효율을 고려하여 만들어진 것이라고 할 수 있다.

단어에 따라서는 형용동사(ナ형용사)와 「する동사」를 모두 갖고 있는 것도 있다. 다음은 한자 두 글자로 된 숙어가 두 가지 품사를 모두 갖고 있는 것의 예이다.

安心だ：安心する,　　心配だ：心配する
反対だ：反対する,　　無理だ：無理する
迷惑だ：迷惑する,　　満足だ：満足する

2.1.4 부사와 연체사

부사(副詞)는 활용을 하지 않고 주로 용언을 수식하는 연용수식성분이 되는 단어이다. 주로 동사를 수식하여 동작이나 작용의 상태를

수식하는 상태부사와 정도를 수식하는 정도부사, 화자의 평가나 판단을 나타내는 진술부사가 있다. 의성어 및 의태어인 오노마토페(オノマトペ)는 부사에 포함된다.

① **상태부사** : ゆっくり, のびのびと, すぐに, ときどき
② **정도부사** : とても, もっと, ひじょうに, やや, かなり
③ **진술부사** : けっして, たぶん, なぜなら

연체사는 독특한 품사 용어이다. 「いわゆる主語」「おかしな人」「いろんな形」와 같이 항상 명사를 수식하는 연체수식성분이 되는 단어이다. 활용은 하지 않는다. 한국어의 「새 옷」「순 우리말」과 같은 관형사와 유사한 품사이다. 일본어의 연체사에는 다음과 같은 예가 있다.

いわゆる, あらゆる, おかしな, 大きな, 小さな, いろんな, その, あの, くだんの, ほんの, ある, とある, さる, きたる, あくる, いかなる, 単なる, 我が, こういう, ああいう, とんだ, 例の, 大した

2.1.5 접속사와 감동사

접속사(接続詞)는 단어와 단어, 구와 구, 절과 절, 문과 문에 있어서 앞의 요소를 뒤의 요소에 결합시키는 단어이다.

・日本および中国が黄砂を減らすための会議を開いた。
・女は言われたとおり目をつぶった。すると, 男はバラの花を差し出

した。

・故郷を離れて久しい。だから, 幼なじみとは何十年も会っていない。

・明日は曇りまたは雨でしょう。

감동사(感動詞)는 감동이나 응답 등을 직접 나타내는 단어로 활용을 하지 않으며 단독으로도 문이 성립될 수 있는 단어이다. 감탄사(感嘆詞)라고도 한다. 감동을 직접 나타내는 「ひゃー, まあ, ああ」, 상대방을 부르는 「もしもし, ちょっと」, 응답을 나타내는 「ええ, はい, いいえ, うん, ううん」, 인사표현인 「おはよう, こんにちは, こんばんは」 등이 있다.

2.1.6 조사

조사(助詞)는 자립어에 첨가되어 자립어의 관계를 나타내거나 대상을 나타내거나 하는 부속어이다. 활용은 하지 않는다. 전통적으로 「てにをは」로 불리기도 한다. 영어의 조사가 전치사(前置詞, preposition)인데 비하여 일본어의 조사는 후치사(後置詞, postposition)이다.

조사는 일반적으로 격조사, 부조사, 접속조사, 종조사 등으로 나뉜다. 격조사(格助詞)는 명사에 접속하여 술어에 대한 보충성분을 구성한다. 「が」 「を」 「に」 「へ」 「と」 「で」 「から」 「より」 등이 있으며 「が」와 「を」가 가장 기본적인 격조사이다.

・あそこに椿の花が綺麗に咲いていますね。

・明日は大事な会議があるので早めに家を出なければならない。

부조사(副助詞)는 체언이나 부사 등 여러 가지 단어에 붙어 의미를 더하며 전체가 부사적으로 기능하는 조사이다. 「は」「も」「こそ」「さえ」「しか」「だけ」「でも」「など」「ばかり」「まで」 등이 전통적으로 부조사에 속한다. 부조사에 관해서는 관점에 따라 견해의 차이가 많이 나타난다.

부조사는 강조(取り立て)를 나타내는 조사와 주제(主題)를 나타내는 조사로 구분해서 설명하는 경우가 많다. 강조(取り立て)를 나타내는 조사에는 「だけ」「ばかり」「も」「は(대비)」「く(ぐ)らい」「こそ」「さえ」「しか」「すら」「でも」「など」「のみ」「まで」 등이 있다.

- ザボンはポルトガル語からきているが, グレープフルーツは英語から来ている。
- 遊んでばかりいないで, たまには勉強もしなさい。
- 一時間で焼酎を三本も飲んでしまいました。

한편, 주제(topic)를 나타내는 조사는 「は」를 말하며 계조사(係助詞)라고도 한다. 「は」는 단어나 문절 등에 붙어서 그 어구의 범위를 한정하여 제시하는 역할을 하거나 제목을 제시하여 서술의 범위를 정하거나 하는 역할을 한다.

접속조사는 문장 안에서의 의미관계를 나타내며 접속하는 것으로 주로 활용어에 붙는다. 「ので」「のに」「から」「が」「けれども」 등이 이에 속한다.

- お腹がペコペコだったので, ちゃんぽんを大盛りで食べた。
- せっかく外食に来たのに, 店はもう閉っていた。

・好きだからこそ言えないこともあるのよ。

종조사는 문의 끝 부분에 사용되는 조사로 커뮤니케이션에 있어서 화자의 기분을 나타낸다. 「ぞ」「か」「とも」「わ」「ね」「さ」「よ」등이 있다. 「ね」「さ」「よ」는 문의 도중에서도 사용되기 때문에 간투조사(間投助詞)로 분류되는 경우도 있다.

이 밖에 명사(체언)와 명사(체언)를 연결하는 기능을 갖는 연체조사(連体助詞)「の」「が」, 체언에 준하는 형식명사가 되는 준체조사(準体助詞)「の」, 대등의 관계에서 연속하는 것을 나타내는 병립조사(並立助詞)「や」「と」등이 있다.

・**연체조사** : 私の本は彼女に貸しました。
・**준체조사** : プールで泳ぐのは得意だ。
・**병립조사** : 日本人と韓国人は基本的な考え方が違う。

2.1.7 조동사

조동사(助動詞)는 다른 동사에 연결되어 여러 가지 의미나 문법기능을 나타내는 단어이다. 부속어인데 활용을 한다. 이들은 문의 구조를 분석하는 데 있어서 중요한 역할을 하고 있다.

사역(使役) : 「せる・させる」
・飲ませてください, もう少し。

수동(受身) : 「れる・られる」
・やられたらやり返す, 倍返しだ。

과거(過去) · 완료(完了) : 「た」

· 「すきだ」「すきだ」という手紙を何回も送り続けた。

전문(伝聞) : 「そうだ」

· 山田君は彼女と別れたそうだ。

부정(否定) : 「ない」

· これからお酒は絶対飲まない, これは嘘だろう。

희망(希望, 願望) : 「たい」

· 一日でも早く彼女に会いたい。

의지(意志) · 추량(推量) : 「う · よう」

· せっかく勉強しようと思ったが, また飲みに誘われた。

부정의지(否定意志) · 부정추량(否定推量) : 「まい」

· もうあんな馬鹿な奴とは二度と口を利くまい。

추량(推量) : 「らしい」

· どうやら彼女は勉強にはあまり関心がないらしい。

양태(様態) : 「みたいだ」

· その部活では毎日30分ずつ筋トレがあるみたいだよ。

단정(断定) : 「だ · です」

· 俺は俺だ, 何か文句あるか。

이 밖에 코풀라(copula)라는 개념이 있다. 코풀라는 문의 주어(subject)와 술어(predicate)를 잇는 연결사를 말한다. 일본어에는 「だ, です, である, らしい, ようだ, そうだ」 등이 이에 속하는데 대부분이 조동사에 속한다. 영어에서는 「be동사, become」이 여기에 속하며, 동사에 포함되기도 한다.

2.2 활용

동사, 형용사(イ形容詞), 형용동사(ナ形容詞) 등은 술어로 사용될 때에 그 기능의 차이에 따라 형태를 바꾸는데 이것이 활용(活用)이다. 동사를 예로 들어 해설하도록 한다.

음절보다도 작은 단위까지 분석하여 형태가 변하지 않는 부분을 어간, 형태가 변하는 부분을 활용어미라고 한다. 이렇게 하여 동사를 크게 몇 가지로 나눌 수 있다. 전통적인 학교문법에서는 다섯 가지로 분류하였고, 일본어교육에서는 주로 세 가지로 분류한다.

2.2.1 1류동사

동사 중에서 자음으로 어간이 끝나고 모음인 어미가 활용하는 동사를 1류동사(1類動詞)라고 한다. 예를 들면 「呼ぶ(yobu)」「歩く(aruku)」 등이 부정형이나 「ます형」 등에 연결될 때는 맨 끝에 있는 모음이 변하게 된다. 이 모음의 변화가 a·i·u·e·o 의 다섯 행에 걸쳐서 나타나기 때문에 학교문법에서는 5단활용동사라고 하며, 일본어교육에서는 주로 1류동사라고 칭한다. 1그룹동사, 자음간동사 등으로도 불린다.

1류동사는 동사 중에서 가장 많은 부분을 차지하고 있다. 아래의 (1)은 일반적인 1류동사이고 (2)는 2류동사의 형태를 취하고 있으나 예외적으로 1류동사에 속하는 동사이다.

(1) 歌う, 書く, 話す, 立つ, 読む, 上る, 行く, 泳ぐ, 探す, 遊ぶ
(2) 要る, 入る, 炒る, 切る, 知る, 滑る ,散る, 煮る, 帰る, 喋る

2.2.2 2류동사

활용어미와 결합하는 부분의 모음이 어간에 포함되어 있는 것으로 이때의 모음은 「教える」「兼ねる」「足りる」와 같이 i 나 e 에 고정되어 있다. 이것을 학교문법에서는 1단활용동사라고 하고, 이것은 다시 어미 「る」 앞의 음이 「イ段」인 상1단활용동사, 어미 「る」 앞의 음이 「エ段」인 하1단활용동사로 세분된다. 1단활용동사를 일본어 교육에서는 주로 2류동사, 또는 2그룹동사, 모음간동사 등으로 부른다.

起きる, 過ぎる, 降りる, 閉める, 始める, 集める, 助ける
受ける, 上げる, 入れる, 変える, 続ける, 抜ける, 乗せる

히라가나로 쓰면 음이 같아지는 단어 중에서 위에서 본 예외적인 1류동사에 속하는 것과 2류동사에 속하는 것이 있다. 이때는 한자로 표기할 때 어미 「る」 앞의 「イ段」이나 「エ段」 음이 오쿠리가나로 나오지 않으면 1류동사, 나오면 2류동사이다. 예를 들면 「かえる」의 경우 「帰る」는 1류동사, 「変える」는 2류동사이다.

2.2.3 3류동사

3류동사는 불규칙활용을 하는 「くる」와 「する」, 두 동사를 가리킨다. 학교문법에서는 불규칙동사 또는 변격동사라 칭하고, 일본어 교육에서는 주로 3류동사라고 칭한다. 「する」의 경우는 단독동사로서 뿐만이 아니라 「運動する」「安心する」「考慮する」 등 「~す

る」가 붙는 모든 동사에 적용된다. 「くる」의 경우는 본동사로서 뿐만 아니라 보조동사 「~てくる」의 형태로도 자주 사용된다.

3. 문

3.1 문의 구조

문(文)이란 하나의 완결된 사항을 나타내는 언어표현의 단위이다. 기본적으로는 주어와 술어로 구성된다. 하나의 문에는 통일성과 완결성이 요구된다. 이것이 갖추어져 있으면 「雪」나 「もぐら」와 같이 직관적으로 한 개의 단어만으로 표현하더라도 문이 된다.

문의 구조를 연구하는 분야가 구문론(syntax)인데, 일본에서는 주로 통어론(統語論), 한국에서는 주로 통사론(統辞論)으로 불린다.

문은 어떠한 구조를 가지고 있는지 「もしかしたら彼は彼女のことが好きかもしれないね」를 보면서 살펴보자. 이 문의 중심은 「彼は彼女のことが好きだ」라고 하는 것이다. 이에 더해서 화자의 판단인 「もうしかしたら~かもしれないね」가 첨가되어 있다. 이와 같이, 문에는 사태나 속성에 대한 화자의 판단이나 청자에게 전하는 방법도 표현되어 있다.

이러한 표현 내용은 문장 안에서 질서를 이루고 있다. 예를 들면 「好きかもしれないね」는 「好き」 「かもしれない」 「ね」라고 하는 연속 순서가 엄밀하게 지켜지고 있어서 예외를 허용하지 않는다. 그리고 그 연속 순서는 객체적인 사항을 나타내는 것으로부터 주체적인 마음의 작용을 나타내는 것으로 정해져 있다. 「もしかしたら彼は彼女のことが好きかもしれないね」를 전체적으로 보면, 문은 객체적인 표현이 가운데 들어가고, 이것을 「もしかしたら」 「かもしれない」와 같은 주체적인 표현이 둘러싸고 있는 중층적인 구조를 이루고 있음을 알 수 있다.

3.2 문의 성분

3.2.1 문의 기본성분

문을 구성하는 성분 중에서 가장 기본이 되는 것을 문의 기본성분이라고 한다. 「もしかしたら彼は彼女のことが好きかもしれないね」라는 문 안에서 내용의 기본이 되는 것은 「彼は彼女のことが好きだ」라는 부분이다. 이 중에서도 중심적인 역할을 맡고 있는 것은 「好きだ」이다. 「好きだ」라는 용어는 이 문장이 표현하는 것의 골격을 이루고 있다.

「누가」 「누구를」 좋아하는가라고 하는 것은 「好きだ」에 있어서 중요한 요소이고, 의미적으로 이들이 보충되어 비로소 구체적인 하나의 사태가 그려진다. 그것을 보충성분이라고 한다. 「彼は」와 「彼女のことが」라고 하는 성분은 그러한 역할을 수행하고 있다. 문의 기본적인 정보는 기본성분과 보충성분만으로 전달할 수 있다.

3.2.2 문의 수식성분

문의 기본적인 정보 외에 필요에 따라 자세한 정보를 덧붙일 수 있다. 「もしかしたら彼はコンテストで優勝した彼女のことが好きかもしれないね」에서 「コンテストで優勝した」는 없어도 문으로는 성립이 가능하므로, 이 문을 구성하기 위한 필수적인 성분은 아니다. 보다 자세한 정보 제공을 위하여 꾸미는 성분이다. 이것을 수식성분이라고 한다.

수식성분에는 연체수식성분과 연용수식성분이 있다. 연체수식성분은 명사를 수식하는 성분이다. 연체수식성분에는 연체사와 용언의 연체형이 있고, 「国語の先生」「明日の会議」와 같이 연체조사 「の」에 의한 것이 있다. 또한, 「お父さんが買ってきた本は英語の本だった」와 같은 종속절에 의한 것도 있다.

연용수식성분은 그것만으로 문장의 성분이 될 수 있다. 주로 용언을 수식하므로 연용수식성분이라고 한다. 연용수식성분은 문장 구조의 여러 계층과 관련되어 있다. 예를 들면, 상태나 정도, 동작 등을 수식하는 성분으로 「ゆっくり, すぐに, とても, かなり, よく, はやく」와 같은 부사, 「美しく成長した」「頻繁に訪れている」「綺麗に咲いている」와 같은 형용사나 형용동사와 같은 것이 있다.

3.2.3 접속성분

접속성분(接続成分)은 원인이나 이유, 조건, 역접 등을 나타내면서 나중에 계속되는 부분과 연결하는 역할을 한다. 접속성분에는 접속조사뿐만 아니라 접속사도 포함된다.

- 一生懸命勉強したので, トップの成績を維持することができた。
- 毎日30分ずつ朗読を続けると, 必ず上手になるよ。
- スペイン語を1年間勉強したのに, ちっともしゃべれない。
- 彼は彼女に毎日のように手紙を送った。
  けれども, 彼女は全然関心を示さなかった。
- 彼女は彼のことがあまり好きじゃないんだ。
  だから, いくら関心を示しても意味がないのだ。

3.2.4 병립성분

뒤에 계속되는 부분과 대등한 관계로 묶어서 표현하는 성분을 병립성분(並立成分)이라고 한다.

- この服はとても安くて便利である。
- 新しいアパートは日当たりもいいし, 会社からも近い。
- 彼は昼寝をしたり, テレビを見たりして一日中家でゴロゴロしている。

3.2.5 독립성분

독립성분(独立成分)은 문 안에서 다른 성분과는 직접적인 관계를 갖지 않는 성분이다. 다음과 같이 말을 걸거나 지시를 나타내는 것, 또는 삽입구 등이 그 예이다.

- 裕子, いつ帰ってくるの。
- あのおばさんは, 高そうなバッグ, いつもあればっかり持ち歩いています。
- 桜井君は, いつものことですが, 今日も遅刻した。

3.3 문의 종류

문은 몇 가지의 종류로 나눌 수 있다. 먼저, 구성에 따른 분류가 있다. 이것은 주어와 술어의 기본적인 관계에 주목해서 분류한 것이다. 구성에 따라서는 문(sentence)을 단문(単文, simple sentence)·복문(複文, complex sentence)·중문(重文, compound sentence)이라는 3개의 종류로 나눈다.

단문은 주어와 술어의 관계가 문에 한번 있는 것이고, 복문은 문 안에 절을 포함하는 문을 말한다. 중문은 주어와 술어의 관계가 2개 이상 있고, 그것이 병립관계로 연결된 문이다.

- **단문**：汽車は行く。
- **단문**：彼女が好きだ。
- **복문**：彼が歌った歌はあまり知られていない歌だった。
- **복문**：出発の時間が迫っているのに, 彼女はまだ現れていない。
- **중문**：うちの学校は, 設備もいいし学生もまじめだ。
- **중문**：橘さんは文系の大学に入り, 張さんは理系の大学に入った。

문을 용법 즉 표현하는 방법에 따라 분류할 수가 있다. 전통적인 방법으로 여기에는 평서문(declarative sentence), 의문문(interrogative sentence), 명령문(imperative sentence), 감탄문(exclamatory sentence)의 4종류가 있다. 화자의 표현의도를 중시한 분류 방법으로, 주로 문말표현에 나타난다.

평서문(平叙文)은 의문문이나 명령문·감탄문을 제외한 가장 일반적인 문을 말한다. 긍정문(affirmative sentence)과 부정문(negative sentence)이 있으며, 추량이나 의지 등을 나타내는 문도 평서문에 속한다.

- 最近は新語があふれている。

- 「こそアド」は「こっそりメールアドレスを交換すること」を意味する。
- 一生懸命やれば何とかなるでしょう。
- きちんと計画を立てて一日10個ずつ新しい単語を覚えることにしよう。

의문문(疑問文)은 모르는 정보가 있을 경우에 그 정보 제공을 희망하는 문으로 의문이나 질문을 나타낸다. 기본적으로 청자에게 대답을 요구하는 문이다.

- 「あのおじさん, ハミってる」って言葉, 理解できます?
- えっ, 「ハミる」って何ですか。 (答 : 贅肉がはみでる)
- じゃ, 「このタイ」は何でしょうか。 (答 : 好みのタイプ)

명령문(命令文)은 명령이나 요구, 금지, 의뢰 등을 나타낸다. 주로 상대방에게 어떤 동작을 요구하는 문이다. 일반적으로 주어는 2인칭인데 생략하는 경우가 많다.

- 歩きながらたばこを吸うな。
- レポートは明日までに出してください。
- もっと聞こえるように話せ。

감탄문(感嘆文)은 화자의 감정이나 경탄(驚嘆), 감동하는 느낌을 표현하는 문이다. 일본어에서는 「감동문(感動文)」이라고도 한다. 일반적으로 주어는 생략되는 경우가 많다.

- うわあ, すごい格好をしてきたね。
- まあ, 可愛いこと。

4. 태(보이스)

술어(述語, predicate)는 문의 중심적인 요소이다. 술어는「態(ヴォイス), 相(アスペクト), 時制(テンス), 모달리티(モダリティ)」라 부르는 4개의 영역으로 나뉜다.

먼저 태(보이스)부터 보도록 하자. 동사를 상황에 따라 달리 표현해야 되는 경우가 발생하는데, 이와 같은 상황에 따른 상관관계를 태(보이스)라고 한다. 태(보이스)에는 능동태와 수동태, 가능태, 사역태, 자발태가 있다.

4.1 능동태와 수동태

같은 내용을 표현하는데 있어서 주체의 동작을 중심으로 하여 능동태(active voice)의 문으로 표현할 수도 있고, 객체의 동작을 중심으로 하여 수동태(passive voice)의 문으로 표현할 수도 있다. 전자는 능동문이고 후자는 수동문이다.

수동태의 문장은 동작이나 사항을 받는 사람을 중심으로 하는 표현으로 동사에「れる·られる」을 붙여서 표현한다. 수동태는「受身形」로도 불린다.

- **능동문** : 監督が私を誉めた。
- **수동문** : 私は監督に誉められた。

수동문에는 직접수동문과 간접수동문, 소유자수동문이 있다. 직접수동문은 「私は監督に誉められた」의 「私」처럼 동작을 받는이가 수동문 안에 대상으로 존재하는 것을 말한다.

간접수동문은 동작을 받는이가 수동문 안에서 대상으로 나타나지 않는 수동문으로, 일반적으로 피해를 나타낸다. 간접수동문에서는 원래의 능동문에는 없던 주어가 내용적으로 첨가되는 경우가 많다. 예를 들면 「雨が降った」에는 없던 「私」가 간접수동문이 되면 「私は雨に降られた」와 같이 주어로 나타나는 경우가 있는 것이다.

・洗濯物が雨に降られて濡れてしまった。
・お風呂に入っている時に, お客さんに来られた。

소유자수동문은 주체의 소유물이 동작을 받는 대상이 되는 수동문이다.

・ラッシュアワーの時は電車の中でよく足を踏まれる。
・大きな声でいきなり名前を呼ばれてびっくりした。

4.2 가능태

가능태는 가능의 의미를 나타낸다. 1류동사 즉 5단활용동사는 다음과 같이 가능동사로 표현된다.

・彼女は曲も作れるし, 歌も歌える。
・私は休まずに二キロは泳げる。

2류동사 즉 1단활용동사의 경우는 다음과 같이 조동사「られる」를 붙여서 가능의 의미를 나타낸다.

- 寿司は何皿くらい食べられますか。
- 「りんきおうへん」という四字熟語を漢字に変えられますか。

3류동사 즉 불규칙동사의 경우,「来る」는「られる」를 붙이지만,「する」는「できる」라는 전혀 다른 형태로 바뀐다.

- 土曜日のパーティーに来られたら来てください。
- あなたはスピーチ大会で優勝できると思います。

대화체(話し言葉)에서는 2류동사(1단활용동사)와「来られる」의 경우,「られる」의「ら」가 생략되어 표현되는 경우가 많다. 즉,「見られる」가「見れる」로,「食べられる」가「食べれる」로,「来られる」가「来れる」로 표현되는 경우가 대단히 흔하다. 일종의 가능동사화 경향이라고 볼 수도 있지만, 1류동사와 같은 가능동사라면「来られる」가「これる」가 아니라「くれる」가 되어야 되기 때문에 가능동사라고 보기는 힘들다. 일반적으로는「ら抜き言葉」라고 불리고 있다. 문법론자 대부분이 오용으로 지적하고 있지만 머지않아 문법화할 가능성이 높다고 볼 수 있다.

가능태의 표현을 취하면 동사의 대상은「を」격이「が」격으로 표현된다.

- こんなに辛いキムチが食べられますか。
- 給料が入ったので, この高いバッグが買えます。
- できれば, ギターが弾けるようになりたいですね。

4.3 사역태

사역태(使役態)는 대상에 대하여 움직임이나 변화를 발생시키는 것을 나타내는 것이다. 동사에 조동사 「せる·させる」을 붙인 형태로 나타내며, 의미적으로는 타동사적인 성격을 갖는다. 사역태가 되는 것은 움직임이나 변화를 의미하는 동사이기 때문에 「ある」 「よめる」와 같은 상태동사는 사역태가 될 수 없다.

사역태를 만들 때, 1류동사와 「する」는 「せる」를 붙이고, 2류동사와 「来る」의 경우는 「させる」를 사용하여 사역태를 나타낸다.

- たまには私にも歌わせてください。
- 子供たちにピアノの練習をさせています。
- 自分ばかり食べないで, 私にも食べさせてくださいよ。
- やることもないのに, 子供たちを来させています。

4.4 자발태

자발태는 주체에 감정이나 생각이 자연발생적으로 생기는 것을 나타내며, 동사에 「れる·られる」를 붙인 형태로 표현한다. 대상은 「が」격으로 나타낸다. 내용적으로는 수동태와 흡사하다고 할 수 있다.

- ザリガニを見ると, いつも故郷のことが思い出される。
- 景気低迷のニュースを聞く度に, 学生の就職のことが心配される。

5. 아스펙트와 시제

아스펙트(アスペクト, aspect)란 어떤 사태가 발생단계인가, 도중단계인가, 종료단계인가와 같이 시간적 단계로 파악하여 표현하는 것이다. 과거에는 「相」이라고도 하였으나 요즈음에는 주로 아스펙트라는 용어를 사용한다.

한편, 시제(時制, tense)는 과거, 현재, 미래와 같이 어떤 상황이나 상태의 시간적인 위치를 표현하는 것이다. 시제도 텐스(テンス)라는 외래어를 그대로 쓰는 경우도 많다.

5.1 아스펙트

동사의 아스펙트 표현은 여러 가지가 있을 수 있는데, 문법성분 「ところ」를 사용하면 시각적으로 나타낼 수 있다. 동사의 기본형에 「ところ」를 붙이면 「지금 막 하려는 참」을 나타내고, 「ている」 형태에 「ところ」를 붙이면 「지금 막 하는 중」을 나타내며, 과거형에 「ところ」를 붙이면 「지금 막 동작을 마친 상황」을 나타낸다. 이 중에서도 중심적인 역할을 하고 있는 것은 현재진행 상태를 나타내는 「ている」이다.

- 今ちょうどご飯を<u>食べるところ</u>だ。
- 今ちょうどご飯を<u>食べているところ</u>だ。
- 今ちょうどご飯を<u>食べたところ</u>だ。

같은「ている」형태를 사용하더라도 계속동사와 순간동사라는 동사의 종류에 따라 의미하는 바가 다르게 나타난다. 계속동사의 경우는 발생 후의 단계로서 현재 동작이 진행중임을 나타낸다.

- 今手紙を書いている。
- 外は春雨が降っている。
- 台所でクッキーを焼いている。

한편, 순간동사에「ている」를 사용하면 동작이 완료되어 그 결과가 남아있는 것을 나타낸다. 이것은 타동사에「てある」를 사용하는 것과 같은 결과로 볼 수 있다.

- 試験場には既に学生全員が座っている。
- 昨日買ったばかりのシャツなのに, もうボタンがとれている。
- あ, あそこに財布が落ちているよ。いくら入っているんだろう。
- あそこに紫陽花の花が綺麗に咲いていますね。

5.2 시제

일본어의 시제는 일반적으로 기본형(ル形)과 과거형(タ形)의 대립으로 표현된다. 이 때, 기본형은 현재를 나타낼 수도 있고 미래를 나타낼 수도 있다.

- 今から歌を歌う。
- 昨日, カラオケで歌を歌った。

기본형의 시제는 동작성동사인가 상태성동사 혹은 형용사인가에 따라 의미하는 바가 다르다. 동작성동사의 경우는 미래를 나타내는 것이 보통이다.

・今から行くからちょっと待っていてください。
・明日は一キロ泳ぐことにする。

한편, 상태성동사나 형용사, 형용동사의 경우는 현재상태를 나타내는 것이 기본이다.

・彼は飛行機の操縦ができる。
・あの歌手はとてもかわいいね。
・このハマナスの花は綺麗だね。

과거형은 동작성동사나 상태성동사, 또는 형용사나 형용동사에 관계없이 과거를 나타낸다. 단, 뭔가를 발견했을 때 「あった, あった」와 같이 형태는 과거형이지만 현재의 상태를 나타내는 용법도 있다.

・今日は珍しく10時間も勉強した。
・彼の行動には確かに理解しかねるところがあった。
・赤坂あたりは割合暖かかった。
・先方は親切のつもりだろうが, こちらからすれば迷惑だった。

6. 모달리티

모달리티(モダリティー, modality)란 화자가 사태를 어떻게 파악하여 어떠한 문으로 표현할 것인가에 대한 화자의 판단이나 서술의 방법을 말한다. 어디까지나 화자의 주관적인 측면이 개입되는 분야이다.

모달리티의 표현방식에는 추량, 양태, 설명, 당연, 전문과 같은 여러 가지 형태가 있다. 다음에 약간의 예문을 들어 둔다.

- どうも勘違いをしてしまったようですね。
- 日本に行けば多くのことを学んでくるでしょう。
- 合格の知らせを聞いて, 彼女は泣きそうな顔をしていた。
- この星空を見ると, 明日は雨は降るまい。
- 彼は仕事をほったらかしにしておいてもう帰ったようだ。
- 交換学生のことは彼女も聞いているはずですよ。
- 授業はもう始まったみたいですね。
- 人間は見た目で判断してはいけないものですよ。
- 学生は先生の言うことを実践すべきです。
- どうやら数学の勉強は面白くないらしい。

제6장
경 어

1. 경어와 대우표현

경어(敬語)란, 어떤 표현을 할 때에 표현주체가 대화를 구성하는 3요소인 화자(話し手)와 청자(聞き手) 및 화제의 인물(話題の人物)간의 상대적 상하관계 또는 사회적 친소관계 등을 고려하여, 경의(敬意)를 나타내는 언어형식을 사용하여 그 관계자를 대우하는 언어표현을 말한다. 쉽게 말하면, 어떤 사람을 높여서 표현하거나, 자기를 낮추어서 표현하는 경우, 또는 듣는 사람에게 공손하게 표현하는 등의 일련의 언어표현 형식을 일컫는다.

예를 들면, 일상생활에서 언어표현을 할 때에, 같은 내용을 전달하는데도 상황에 따라서 다른 용어를 선택하는 경우가 많다. 「言う」라는 내용을 전달할 때에 「言う」를 그대로 쓸 수도 있지만, 어떤 때는 「おっしゃる」라 하고, 또 어떤 때는 「申し上げる」라고 한다. 또한 상대방이 누구인가에 따라 「言う」 「言った」 등 보통형이 쓰이기도 하고, 「言います」 「おっしゃいます」 「申し上げます」처럼 「ます」를 첨가하여 공손하게 표현하기도 한다.

일반적으로 누군가를 직접적으로 높이는 표현을 경어라고 생각하는 경향이 있는데, 경어에는 자기를 낮춤으로 인해 상대적으로 상대방을 높이는 표현도 포함된다. 대화체(話し言葉)뿐만 아니라, 문장체(書き言葉)의 경우도 해당된다.

한편, 대우표현(待遇表現)은 이와 같은 경어뿐만 아니라, 높이거나 낮추는 요소가 없는 보통어(普通語)나 낮추는 요소인 비속어(卑俗語)를 포함하여 일컫는 것이 보통이다. 즉, 「言う」에 있어서, 「おっしゃる」 「申し上げる」 등의 경어뿐만 아니라, 보통어인 「言う」, 비속어인「ぬかす」등을 포함하는 개념이다. 비속어를 일본어에서는 일반적으로「卑罵語(ひばご)」또는「軽卑語(けいひご)」라고 표현한다. 대우표현을 다음과 같이 정리할 수 있다.

대우표현	경　어	おっしゃる, 申し上げる, ます
	보통어	言う, 話す
	비속어	ぬかす, 言いやがる

타인을 대우하는 방법에는 언어표현 외에 몸동작, 손동작, 표정, 시선, 태도와 같은 신체적 동작이나 상대방과의 거리와 목소리, 복장과 같은 비언어행동도 있다. 이와 같은 대인관계에 있어서의 표현의 총체를 대우행동(待遇行動)이라고 한다.

대우표현을 취급할 때에 대우행동 전체를 시야에 넣는 경우도 있지만, 일반적으로 대우표현은 인간관계에 있어서의 대우에 관련된 언어표현을 취급하는 것이 대부분이다.

일본어에는 일본어의 특징이라고 할 수 있을 정도로 경어가 대단히 발달되어 있다. 그것은 세계의 제언어의 경어 중에서도 대표적인 위치를 차지하고 있을 정도이다. 그리고, 그 운용법도 매우 복잡하다.

일본어의 경어는 몇 가지의 종류로 나눌 수가 있는데, 이를 분류하는 방법에는 여러 가지가 있다. 전통적으로 경어(敬語)는 존경어(尊敬語)·겸양어(謙譲語)·공손어(丁寧語)라는 3종류로 나누어진다. 학교문법에서 사용되는 이 3분법은 그 분류법에 몇 가지의 문제점은 있으나, 일본어의 경어를 교육하는데 있어서 가장 기본적으로 사용되어 온 분류법이다. 이 중에서「尊敬語」와「謙譲語」는 한국어로도「존경어」와「겸양어」로 표현이 되지만,「丁寧語」는 한국어에 없는 표현이기 때문에 한국어로는 「공손어(恭遜語)」로 칭하기로 한다. 「丁寧語」를 「정중어」로 번역하는 경우도 있으나 일본어의 경어에도 정중어가 있기 때문에 공손어가 더욱 적절한 표현이다.

3분법 중에서 「尊敬語」 「謙譲語」는 화제(話題)의 소재(素材)가 되는 인물에 대한 경어이기 때문에 소재경어(素材敬語), 「丁寧語」는 오로지 청자에 대한, 즉 상대방에 대한 경어이기 때문에 대자경어(対者敬語)로 2분하는 경우가 있다.

이와 같이 일본어의 경어를 분류하는 방법에는 여러 가지가 있다. 이에, 일본정부에서는 2007년 「경어의 지침(敬語の指針)」이라는 것을 발표하여 방향제시를 시도하였다. 이 경어의 지침도 문제점이 없는 것은 아니다. 필자는 경어를 「존경어, 소재성겸양어, 대자성겸양어, 정중어, 공손어, 미화어」로 분류하고 있다. 단, 여기에서는 기본적으로 「경어의 지침」에 따라 개설하도록 한다. 경어의 지침에서는 경어를 「존경어, 겸양어1, 겸양어2(정중어), 공손어, 미화어」의 다섯 가지로 분류하고 있다.

이상을 종합하여 경어의 종류를 〈표8〉과 같이 구분할 수 있다. 각 분류법의 관련성을 함께 이해를 해 두는 것이 좋다.

〈표8〉 경어의 종류

<table>
<tr><td rowspan="6">敬語</td><td>尊敬語</td><td>尊敬語</td><td>尊敬語</td><td rowspan="2">素材敬語</td></tr>
<tr><td>謙譲語 I</td><td rowspan="3">謙譲語</td><td>素材性謙譲語</td></tr>
<tr><td rowspan="2">謙譲語 II
(丁重語)</td><td>対者性謙譲語</td><td rowspan="3">対者敬語</td></tr>
<tr><td>丁重語</td></tr>
<tr><td>丁寧語</td><td rowspan="2">丁寧語</td><td>丁寧語</td></tr>
<tr><td>美化語</td><td>美化語</td><td></td></tr>
</table>

2. 존경어

존경어(尊敬語)는 화자가 화제 중의 동작이나 상태의 주체가 되는 주어를 높여서 대우하는 경어이다. 즉, 존경어란 화제의 인물이나 그 인물의 행위, 소유물에 대한 표현으로서, 화자가 그 화제의 인물에 경의적(敬意的) 배려를 나타내는 경어인 것이다.

2.1 용언의 존경어

경어는 체언과 용언으로 나누어서 생각할 수가 있는데, 체언보다는 용언이 복잡한 체계를 갖고 있으며, 존경어의 경우도 마찬가지이다. 다음의 예를 보면서 살펴보도록 하자.

(1) a) 社長は昼御飯を召し上がりましたか。
b) 先生は明日大阪にいらっしゃるそうです。

(2) a) 社長は今回の国際会議に参加されるようですね。
b) 先生は原稿をもうお書きになりましたか。

(1a)에서 「食べる」라는 용어 대신에 「召し上がる」를 선택한 것은 주어인 「社長」를 높게 대우하기 위한 것이며, (1b)에서는 「行く」 대신에 「いらっしゃる」를 사용함으로 인해 「社長」가 높게 대우되고 있다. 마찬가지로 (2a)에서는 「参加する」 대신에 「参加される」를 사용하여 「社長」를 높이고 있고, (2b)에서는 「書く」 대신에 「お書きになる」를 사용하여 주어인 「先生」를 높게 대우하고 있다.

여기에서 「社長」 「先生」는 각 문의 주어이자 화제의 인물이다. 이와 같이 각 문의 주어와 관련된 사항을 높게 대우하여 그 인물에게 경의를 표현하는 것이 존경어이다. 화제의 인물은 소재의 인물이라고도 하며, 따라서 존경어는 소재경어가 되는 것이다. 경우에 따라서는 화제의 인물과 청자가 동일인물인 경우도 있는데, 이 경우에도 문법적으로는 화제의 인물에 대한 경어로 간주된다.

이처럼 소재경어는 문법적으로 화제의 인물에 대한 경어표현이므로 기본적으로는 청자에 대한 경의와는 상관없이 사용된다. 물론, 실질적으로는 화제의 인물과 청자가 동일인물일 때에 출현빈도가 가장 높기 때문에 의미적으로는 청자에 대한 경의가 깊숙이 관여하고 있다고 봐야 할 것이다.

경어는 특정어형을 갖는 것과 경어성분을 첨가하여 만드는 것의 두 종류로 대별할 수 있다. 「경어의 지침」에서 전자는 특정형(特定形)이라 하고, 후자는 일반형(一般形)이라고 한다. 존경어의 경우도 마찬가지여서 (1)의 「召し上がる」 「いらっしゃる」는 전자의 예이며, (2)의 「参加される」 「お書きになる」는 존경성분 「れる」 「お~になる」를 첨가하여 산출된 일반형의 존경어이다.

특정형의 존경어는 특히 동사에 발달되어 있는데, 특정형을 가진 존경어의 동사를 존경동사라고 한다. 현대일본어에서 사용되는 대표적인 존경동사에는 다음과 같은 것이 있다. 「ご覧になる」와 같은 것은 존경성분인 「お·ご~になる」의 첨가에 의해 구성되어 있지만, 이미 한 단어화 되어 있기 때문에 존경동사로 분류한다.

いらっしゃる·おっしゃる·なさる·召し上がる·くださる
ご覧になる·お出でになる·お越しになる

예를 하나씩 들어보도록 하자. 예를 보면 주어가 생략되어 있는 경우도 있는데, 이때에도 존경어에 의한 배려의 대상은 생략되어 있는 주어이다.

(3) レポートは明日までに出せばいいとおっしゃいました。
(4) お仕事は無理になさらない方がいいと思いますよ。
(5) これは先生が私にくださった本です。
(6) 先生は学園祭をご覧になりましたでしょうか。
(7) 会長がお出でになりました。
(8) 明日３時までに会場にお越しになってください。

일본어에는 존경성분도 풍부하게 갖춰져 있다. 동사에 첨가되는 존경성분에는 형식동사와 보조동사가 있다.

· **형식동사** : お・ご～になる，れる・られる，お・ご～なさる，お・ご～だ，お・ご～です，お・ご～くださる，お・ご～あそばす
· **보조동사** : ～てくださる，～ていらっしゃる，～でいらっしゃる

(9) 各チームの調査結果についてご報告なさってください。
(10) この知らせを聞くと君のお母さんもきっとお喜びだろう。
(11) 社長は私に特別な配慮をしてくださいました。

동사에 적용되는 존경성분 중에서 가장 생산성이 높은 것은 「れる·られる」이다. 이는 인간을 주어로 하는 거의 모든 동사에 첨가하여 존경어형을 만들 수 있다. 물론, 경어의 성질상 품위 없는 의미의 단어나 상위자에게는 쓰기 어려운 용어의 경우에는 만들 수는 있

으나 쓸 수가 없는 것도 있기는 하다.

「お·ご~になる」도 일상생활에서 빈번히 사용되고 있다. 그러나 같은 「する動詞」라고 하더라도 「ご使用になる」는 가능하나 「ご運転になる」는 불가하다는 등의 제약이 있다.

형용사·형용동사에 첨가되는 존경성분으로는 접두사 「お」와 「ご」가 있다.

(12) a) 十年はお若く見えます。
b) 本当にお美しい方ですね。

(13) a) お元気そうで何よりです。
b) ご親切にどうもありがとうございます。

이상에서 보는 바와 같이, 일본어는 용언에 첨가되는 존경성분이 다채롭다. 또한 용언의 종류에 따라 사용되는 존경성분이 각각 따로 준비되어 있다.

부사의 경우에도 「ごゆっくり」「ごもっとも」처럼 존경접두사가 첨가되는 경우가 있다.

(14) a) どうぞごゆっくりご覧になってください。
b) ごもっともなご意見でございます。

2.2 체언의 존경어

일본어에는 체언의 경우에도 존경어가 매우 다양하게 발달되어 있다. 그중에서도 특히 존경성분은 용언뿐만 아니라 체언에 있어서

도 광범위하게 사용되고 있으며, 접두사 「お」와 「ご」는 체언에 사용되는 가장 기본적인 존경성분이다.

체언의 경우는, 보통어에 대한 특정형이 있는 경우도 있지만, 체언 자체가 「先生」「社長」처럼 사회통념상 존경어로 볼 수 있는 경우도 있다. 「お」「ご」의 첨가에 의한 존경어는 「お名前·お体 ·お宅· お考え·ご意志·ご住所· ご職業」 등 얼마든지 만들 수 있다.

이때에 「お名前·ご住所」 등은 「이름·주소」 등의 소유자를 높이게 되는데, 이처럼 「お·ご」는 인칭대명사를 직접 사용하지 않더라도 2인칭을 나타내는 인칭암시적인 기능도 겸비하고 있다.

(15) お名前は何でしょうか。(→あなたの名前)
(16) ご住所とお電話番号をお書きください。
(→あなたの住所)　(→あなたの電話番号)

접두사 「お」와 「ご」는 한자로 표기하면 「御」로서 같다. 일반적으로 「お」는 히라가나로, 「ご」는 히라가나 혹은 한자로 쓰는 경우가 많으며, 「お」는 고유일본어에, 「ご」는 한자어에 쓰는 것이 일종의 원칙이라고 할 수 있다.

물론, 예외도 있다. 예를 들면 「お電話」「お食事」처럼 한자어에 「お」가 붙는 경우도 있고, 「ごゆっくり」「ごもっとも」처럼 고유어에 「ご」가 붙는 경우도 있다.

문서나 연설문 등에서는 존경접두사로 「貴」「尊」「高」「芳」「令」 등도 쓰인다. 이때 「貴」는 단독으로 쓰이지만 그 외의 것에는 앞에 「ご」를 덧붙여서 「ご尊顔」「ご高説」 등으로도 쓰인다. 이는 기본적으로는 이중경어(二重敬語)이기 때문에 사용하지 않는 것이 좋다고

이론적으로는 지적하고 있지만 실제로는 일반화되어 있다고 볼 수 있다.

존경접미사에는 「さん」「氏」「様」「殿」 등이 있다. 이 중에서 「さん」「様」는 대화체(話し言葉)에서도 빈번하게 사용되고 있지만, 「氏」「殿」는 문장체(書き言葉)에서 주로 사용된다.

존경어를 사용할 때 주의해야 할 점은 존경어에 의해 표현될 수 있는 대상을 잘 파악해야 된다는 점이다. 존경어는 기본적으로 화자보다 상위자이거나 심리적 거리가 있는 타인에게 사용한다. 따라서, 특정형이든 일반형이든 타인과 대화를 할 때, 경어적1인칭을 존경어로 대우할 수 없다. 경어적1인칭이란 화자나 화자측 인물 즉 「身内」를 말한다.

일본어는 화자를 낮추어야만 하는 것이 아니라, 청자가 화자측 인물이 아닐 경우에는 그 화자측 인물을 존경어로 대우해서는 안 되는 것이다. 따라서 다음과 같은 표현을 해서는 안 된다. 문장 앞에 있는 「*」는 그 문장이 적합하지 않다는 것을 나타내는 부호이다.

(17) *お父さんは昨日ソウルにいらっしゃいました。
(18) *お母さんは毎朝お弁当を作ってくださいます。

이와 같이 일본어에서는 화자와 청자 및 화제의 인물 사이의 상대적인 관계가 모두 고려되지 않으면 안 된다. 이처럼 발화에 등장하는 삼자관계를 모두 고려하여 행해지는 경어법을 상대경어법(相対敬語法)이라고 한다. 한국어의 경어법과 결정적으로 다른 용법이므로 특별히 신경을 써야 한다.

한국어에서는 화자와 화제의 인물과의 절대적인 관계가 경어표현에 그대로 반영되고, 이때에 청자는 화제의 인물을 존경어로 대우할 때의 고려 대상에서 제외된다. 타인에게 말을 할 때에 「저희 아버님이 말씀하셨습니다」라고 할 수 있는 것이다. 이것이 한국어의 절대경어법(絶対敬語法)이다.

이와 같은 차이점이 일본어의 경어를 운용할 때에 가장 중시해야 할 항목이다. 안(內)과 밖(外)의 범주를 어떻게 인식하고 표현할 것인가가 가장 중요한 것이다.

3. 겸양어 I

겸양어(謙譲語)는 주어를 낮춤으로 인해 상대적으로 화제의 인물이나 청자를 높여서 대우하는 경어법을 말한다. 즉, 화자나 화자측 인물을 낮추어서 표현함으로 인해 상대적으로 그 표현의 수용자를 대우하는 경어가 겸양어이다. 이 겸양어에 대해 학교문법에서는 화제의 인물에 대한 경어로 일괄 취급되어 왔다.

그러나, 겸양어에는 화제의 인물에 대한 배려뿐만이 아니라 청자에 대한 배려를 위해 사용되는 부류가 있기 때문에 최근에는 두 가지로 나누어서 취급하는 경우가 많다. 즉, 겸양어에 의해 대우되는 수용자가 화제의 인물인 경우와 청자인 경우의 두 종류로 크게 나눌 수 있는 것이다. 전자를 겸양어1이라 하고, 후자를 겸양어2라고 한다. 전자는 소재(화제)의 인물을 대우한다는 뜻으로 소재성겸양어라 일컫고, 후자는 대자(청자)를 대우한다는 뜻으로 대자성겸양어라고 필자는 일컫고 있지만, 본서에서는 전문성보다는 교육적인 관점을 고려하여 기본적으로 「경어의 지침」에 따라 겸양어1, 겸양어2로 부르도록 한다.

겸양어1은 행위자의 행위를 낮춤으로 인해, 그 행위의 수용자(行為の受け手)를 높이는 겸양어이다. 다음의 예를 보도록 하자.

(1) a) 私は先生に本をいただきました。
　　b) 私は昨日社長にお目にかかりました。

(2) a) 私が先生を宴会場までご案内しました。
　　b) 私は社長をご自宅まで送ってさしあげました。

위의 (1a)에서는 「いただく」라는 용어를 선택함으로 인해, 「私」를 낮춤과 동시에 「先生」를 상대적으로 높이고 있고, (1b)에서는 「お目にかかる」를 사용하여 「私」의 행위를 겸손하고 「社長」를 높이고 있다. 한편 (2a)에서는 「ご案内する」라는 구문을 사용함으로 인해 「私」의 행위를 낮추며 상대적으로 「先生」를 높이고 있고, (2b)에서는 「てさしあげる」를 사용하여 「私」의 행위를 낮춤으로 인해 상대적으로 「社長」가 높게 대우되어 있다.

이와 같이 겸양어1은 주어인 행위자를 낮춤으로 인해, 그 행위에 의해 대우되는 자(受け手)를 높이는 경어법이다. 즉, 겸양어1에 의해 대우되는 사람은 행위의 수용자인 화제의 인물이다. 화제의 인물과 청자가 동일인물일 경우에는 그 대우받는 자가 실질적으로는 청자가 되지만, 문의 구조상 화제의 인물로 보는 것이다.

이 때, 「いただく」「お目にかかる」와 같은 동사를 특정형으로서의 겸양동사(謙譲動詞)라 하고, 「ご案内する」에 있어서의 「ご~する」나 「送ってさしあげる」에 있어서의 「てさしあげる」와 같은 표현형식을 일반형으로서의 겸양성분(謙譲成分)이라 한다. 겸양어1로 사용되는 대표적인 겸양동사로는 다음과 같은 것이 있다. 몇 가지 예를 곁들인다.

上がる · 申し上げる · いただく · 差し上げる · うかがう
存じ上げる · 拝見する · 拝借する · たまわる · 承る
お目にかかる · お目にかける · ご覧にいれる

(3) そのことについては私が先生に<u>申し上げ</u>ます。
(4) 先生にお誉めの言葉を<u>いただき</u>ました。

(5) これは先生に差し上げたいと思います。
(6) お名前は存じ上げております。
(7) 拙作をご覧にいれたいですが。

겸양어1로 기능하는 겸양성분에는 아래와 같은 것이 있다. 이와 같은 겸양성분에는 동사의 연용형 또는 「する動詞」의 어간상당부분이 적용된다.

お·ご~する, お·ご~申し上げる, お·ご~いただく
お·ご~ねがう, お·ご~にあずかる, ~てさしあげる
~ていただく, ~(さ)せていただく

(8) なにとぞ宜しくお願い申し上げます。
(9) 先生には是非ともご出席いただきたいと存じます。
(10) ただいまご紹介にあずかりました山田でございます。
(11) 推薦書を書いていただきたいですが。
(12) 一つだけ質問させていただきたいと思います。

이와 같이 일본어에서 사용되는 많은 부분의 겸양동사와 겸양성분이 겸양어1에 포함된다. 「お·ご~いたす」와 「かしこまる」는 겸양어1과 겸양어2의 성질을 동시에 갖고 있는데, 전자는 겸양어1의 성질이 강하고, 후자는 겸양어2의 성질이 더 강하다고 볼 수 있다.

이상에서 살펴본 대로 겸양어1은 행위자와 그 행위의 수용자와의 관계를 화자가 고려하여, 그 행위의 수용자를 높이는 기능을 갖고 있는 것이다. 따라서, 겸양어1이 겸양어 본래의 기능을 충실하게 수행하고 있다고 할 수 있다.

체언의 겸양어에 있어서는, 특정어형의 겸양체언은 그 대부분이 겸양어2로 기능하며, 성분첨가에 의한 겸양어 중에서 「お」「ご」의 첨가에 의한 겸양어는 겸양어1로 기능하고, 그 외의 한자접두사에 의한 겸양어는 겸양어2로 기능한다. 단, 한자접두사에 의한 것이라도, 일반적으로 동사로 사용되는 「参上する·拝見する·進呈する」 등은 겸양어1로 기능한다.

먼저, 접두사 「お」「ご」의 첨가에 의한 겸양어1의 예로는 다음과 같은 것이 있다.

お話 · お電話 · お手紙 · お詫び · お祝い · お見舞い · お礼
お手伝い · お知らせ · お答え · お勧め · お力 · お願い · お邪魔
ご報告 · ご返事 · ご案内 · ご挨拶 · ご相談

단, 이들은 전후 상황에 따라 존경어나 미화어로 기능하는 경우도 있다. 겸양어1로 기능하는 몇 가지 예를 들어 보면 다음과 같다.

(13) 私は先日, 留学の時の先生にお手紙を差し上げました。
(14) これはお勧めの商品でございます。
(15) 出張の結果についてご報告をいたしたいと思います。

이와 같은 예에 있어서의 「お手紙·お勧め·ご報告」의 행위를 하는 주체는 화자이지만, 여기에서의 「お·ご」는 그 행위의 수용자를 배려하기 위하여 사용된 것이다. 이와 같이 접두사 「お·ご」에 의한 용어가 겸양어로 기능하기 위해서는 반드시 그 표현의 수용자를 전

제로 한다. 따라서, 위의 각 표현은 행위의 수용자에 대한 배려로 사용될 경우에 한해서 겸양어로 기능하는 것이다. 행위의 수용자와 청자가 동일인물일 경우에는, 행위수용자에의 경의가 청자에의 경의와 일치하는 것은 물론이다.

겸양어1에 있어서의 경의의 대상은 존경어의 경우와 마찬가지로 화자보다 상위자인 타인이다. 따라서 청자가 타인일 경우에, 화자나 화자측 인물(敬語的1人称)을 겸양어1로 대우해서는 안 된다. 왜냐하면, 겸양어1에 의해 상대적으로 높여지는 인물이 화자측 인물이 되어 버리기 때문이다. 따라서, 다음과 같은 표현을 해서는 안 된다.

(16) *私は出張に行っている父に久しぶりにお目にかかりました。
(17) *私は田舎の母をソウルにご案内しました。

여기에서 「お目にかかる」「ご案内する」는 화자 자신의 부모를 높여서 표현하는 형태가 되어 버린다. 상대경어법을 원칙으로 하는 일본어에서는 자기의 부모를 높여서 타인에게 대우할 수가 없는 것이다.

4. 겸양어2(정중어)

4.1 겸양어2

겸양어2는 행위자를 낮춤으로 인해 상대적으로 소재의 인물이 아닌 청자를 높이는 겸양어이다. 다음과 같은 겸양어를 보도록 하자.

(1) a) 私は明日日本へ参ります。
b) それは私がいたします。
(2) a) 母もぜひお目にかかりたいと申しております。
b) 私もそのフォーラムに参加いたします。

(1)에서 「参る」나 「いたす」는 동작주인 「私」를 낮추며, 동시에 청자를 높여서 대우하고 있다. (2)의 경우에도 「申しておる」나 「参加いたす」를 사용하여 주어를 겸양하고 듣는 사람에게 경의를 표하고 있다. 이처럼, 겸양어2에서 낮출 수 있는 행위자는 화자나 화자측 인물이다. 이와 같이 화제의 인물과는 관계없이, 주어를 낮춤으로 인해 청자를 높이 대우하는 겸양어가 겸양어2인 것이다.

겸양어2로 기능하는 용언의 특정어형에는 「申す · 参る · 存じる·いたす·おる」 등이 있다. 이들이 「~ておる·~てまいる·~いたす」처럼 보조동사로 사용되는 경우에도 겸양어2로 기능한다. 「かしこまる」는 겸양어2로 분류할 수 있다.

한편, 「申す」의 복합어에는 「申し込む」와 같이 겸양성이 없어진 것도 있지만, 많은 경우 「申し伝える」 「申し添える」 「申し遅れる」

「申し兼ねる」「申し交わす」「申し聞かせる」「申し述べる」「申し開く」에서 보는 바와 같이 원래의 겸양성이 남아 있다.

이처럼 겸양어2로 기능하는 용언의 겸양어는 비교적 많지 않다. 그러나 현대경어의 대자경어화현상과 더불어, 그 기능과 사용빈도에 있어서는 겸양어1에 뒤지지 않는 점이 있다.

겸양어2는 행위자를 낮추고 청자를 높여서 대우하는 겸양어이기 때문에 일반적으로 문말에 쓰이며, 항상 「ます」와 더불어 쓰인다는 특징을 갖고 있다. 따라서 「ます」가 없을 경우에는 문이 성립되지 않는다. 겸양어2는 청자를 대우하는 겸양어인데, 청자를 대우하는 가장 기본적인 경어인 「ます」가 없어서는 안 되기 때문이다. 따라서, 겸양어2는 청자가 상하관계(上下関係)의 「상(上)」, 친소관계(親疎関係)의 「소(疎)」의 관계에 있는 인물에게만 사용된다고 하는 특징을 갖는다.

(3) *そのことは先生に申した。
(4) *妹が田舎から訪ねてまいった。

겸양어2가 겸양어1과 다른 점은, 겸양어2에는 청자를 높이 대우하는 기능은 있지만, 소재의 인물을 높이는 기능은 없다는 것이다. 따라서, 겸양어2를 사용할 경우에는 다음과 같이 소재의 인물이 화자측 인물이어도 상관이 없게 된다.

(5) 父にもそのように申しておきます。
(6) 私は先日母をソウルに案内いたしました。

여기에서 「申す · ~いたす」가 행위자를 낮춤으로 인해 청자를 배려할 뿐, 소재의 인물인 「父 · 母」를 높이는 표현이 아니기 때문에 바른 표현이 된다. 이것은 「私は母をソウルにご案内しました」에서, 겸양어1인 「ご案内する」가 소재의 인물인 「母」를 높이기 때문에 사용할 수 없는 것과 대조된다.

이와 같이 겸양어2의 경의의 대상은 청자이다. 존경어나 겸양어1이 화제의 인물에 대한 소재경어인데 반해, 겸양어2는 청자에 대하여 경의를 나타내는 대자경어인 것이다. 그래서, 존경어와 겸양어를 모두 합쳐서 소재경어라 하고, 공손어를 대자경어라고 하는 분류법에 문제가 제기되는 것이다. 겸양어에는 기본적으로 두 종류가 있다는 것이다.

겸양어2의 경의의 방향이 화자에서 청자라는 점에서 공손어(丁寧語)와 성격이 닮아 있다. 그러나, 양자가 동일하지는 않다. 왜냐하면, 겸양어2는 청자나 상위자를 동작주로 하여 다음과 같이 표현할 수는 없기 때문이다.

(7) *先生もその講演会に出席いたしますか。
(8) *社長も明日東京へ参りますか。

공손어가 어떠한 화제이든 관계없이 사용할 수 있는데 비해, 겸양어2는 그럴 수가 없다는 것이다. 그것은 원래 겸양어라는 것이 화자가 경어적1인칭자를 낮추어서 대우하는 성질을 갖고 있기 때문이다. 그와 같은 성질이 지금도 남아 있기 때문에 겸양어1이든 겸양어2이든 청자나 상위자를 동작주로 하여 사용할 수가 없는 것이다.

체언의 겸양어2를 살펴보도록 하자. 체언의 경우, 특정어형

을 가진 겸양체언은 대부분이 겸양어2로 기능한다. 「私·てまえ」「父·母·兄·姉·妹·弟」 등이 그와 같은 예이다.

이와 같이 일본어에는 친족용어에 겸양체언이 많이 발달되어 있다. 이것은 상대경어법(相対敬語法)의 발달과 무관하지 않다. 내부인(身内の者)을 외부인(ヨソの者)에게 표현할 때에 겸양체언이 필요 불가결하기 때문이다. 단, 위에서 1인칭을 제외하면 겸양체언이 항상 겸양체언으로 기능하는 것은 아니다. 예를 들어, 「私には妹が二人おります」의 「妹」는 겸양어로 기능하는 것이지만, 「田中さんには妹が二人いる」의 「妹」는 보통어로 기능하고 있다. 다른 경우도 마찬가지이다.

겸양체언이 겸양어2로 기능하는 전형적인 예는 겸양자칭대명사 「私」에 나타난다.

(9) わたくしは先生にお手紙を差し上げました。
(10) 俺は先生に手紙を送ったぞ。

(9)에서 「わたくし」를 사용하고 있는 것은, 소재의 인물인 「先生」가 경의를 나타내야만 하는 인물이기 때문이 아니라, 청자를 고려해서 사용된 것이다. 보통 「わたくし」라는 말을 듣는 순간에 문말에 「です·ます」가 연상되는 것도, 「わたくし」가 청자를 배려하고 있다는 것을 알 수 있다.

(9)에서 화제의 인물에 대한 경어는 「お手紙·差し上げる」이고, 청자에 대한 경어는 「私·ます」이다. 이에 비하여, (10)의 「俺」의 경우에는 문말에 「です·ます」가 나타날 기대도가 「わたくし」에 비하여 훨씬 낮다.

성분첨가에 의한 겸양어2를 보도록 하자. 「お·ご」를 제외한 한자 접두사에 의한 체언의 겸양어는 대부분이 겸양어2로 기능한다. 「愚息·粗品·拙者·拙稿·小生·弊社」 등이 그와 같은 예이다. 이와 같은 예들은 청자에의 배려를 전제로 사용되는데, 거기에는 화자의 청자에 대한 겸양의 의미도 내포되어 있다. 예를 들어 「愚息ももう中学生になりました」에 있어서의 「愚息」에는 청자에 대한 정중함뿐만 아니라, 1인칭자를 겸손하게 표현하는 겸양의 의미도 확실히 느껴지기 때문이다. 따라서 이들은 겸양어2인 것이다.

4.2 정중어

청자에 대한 배려로 사용되는 겸양어에는 겸양어2 외에 정중어(丁重語)로서의 용법이 있다. 정중어는 겸양어2의 특수한 기능이라고 할 수 있다. 즉, 위에서 살펴본 용언의 겸양어2가, 행위자가 낮추어야 할 특정인물로 지정되는 것이 아니라, 자연현상 등을 나타내는 경우의 용법이 정중어로서의 용법이다. 겸양어2는 특정한 인물이 행위자가 되는데 반해, 정중어는 같은 용어를, 행위자가 불특정다수이거나 제삼자, 혹은 인간이 아닐 때 사용하는 것이다. 다시 말하면, 정중어라는 것은 주어의 수용자(受け手)에 대한 겸양의 기능 없이 오로지 청자에게 정중한 태도를 보이기 위하여 사용되는 경어이다.

(11) a) 一番線から上りの電車がまいります。
b) まもなく札幌行きの電車がまいります。

(12) a) アジア大会史上最大の選手団が参加いたしました。

b) シドニオリンピックには200の国から選手団が参加いたしました。

정중어가 주어와 관계없이 사용된다는 것은 (11)과 같은 표현에서 확인할 수가 있다. 여기에서의 「まいる」는 소재에 관한 경의표현이 아니고, 청자 즉 「손님」에 대한 경의 또는 정중함을 나타내기 위한 것임을 쉽게 알 수가 있다. 만일 이것이 순수한 겸양어2라면 겸양하는 주체가 「電車」가 되어 버리기 때문이다. 여기에서의 「まいる」는 「電車」를 낮추는 기능은 전혀 없고, 오로지 청자를 정중하게 대할 뿐이다. 따라서, 여기에 사용된 「まいる」는 겸양어2가 아니라 정중어라고 봐야 한다는 것이다.

(12)의 「~いたす」는 「選手团」이 인간을 나타내고는 있으나, 이와 같이 불특정다수가 주어일 때에는 화자가 주어를 낮춘다고는 볼 수 없으며, 오로지 청자에 대한 배려를 위해 「参加いたす」라는 구문을 사용하였다고 할 수 있다.

이와 같이 정중어는 본연의 영역을 갖고 있다. 「경어의 지침」에서는 「겸양어2(정중어)」와 같이 「겸양어2」에 곁들이는 형태로 취급되고 있지만 엄밀히는 구분해서 사용해야 할 부분인 것이다. 이상과 같이, 겸양어를 기능상 「겸양어1」과 「겸양어2」 및 「정중어」로 분류를 하여 겸양어1은 소재경어로, 겸양어2와 정중어는 대자경어로 분류하는 것이 타당하다.

겸양어2(정중어)는 원칙적으로 문말에 나타나지만 다음과 같이 문중에서 「ます」를 동반하여 연체수식형 등으로 사용되는 경우도 적지 않다.

(13) 先ほどもうしました件に関しまして補足説明をさせていただきます。

(14) このように成績が伸びてまいりますと, 将来が楽しみですね。

다음으로 용언 이외의 정중어에 대하여 살펴보자. 격식 차린 자리에서 말을 할 때, 일상생활에 있어서의 일반적인 표현을 사용하지 않고, 다음과 같이, 같은 뜻의 다른 용어를 사용하는 경우가 있다.

一昨日(いっさくじつ), 昨日(さくじつ), 昨夜, 本日, 今日(こんにち), 明日(みょうにち), 明朝, 明晩, 明後日(みょうごにち)

이것은 한자어에 의한 표현이 고유어에 의한 표현보다 정중하다고 인식되어 있다는 것을 나타내는 것이기도 하다. 이와 같은 한자어에 의한 표현은 정중한 느낌을 준다는 의미에 있어서 일종의 정중어라고 볼 수 있다.

또한, 장소를 나타내는 말과 방향을 나타내는 말을 비교해 보면, 방향을 나타내는 말이 더 정중하다고 인식되어 있다. 즉, 「ここ」「そこ」「あそこ」「どこ」에 비하여 「こちら」「そちら」「あちら」「どちら」가 더 정중한 표현인 것이다. 이것은 장소를 지정하기보다 방향을 나타냄으로 인한 일종의 완곡한 표현이라고 할 수 있다. 「どう」에 대한 「いかが」, 「どれほど」에 대한 「いかほど」 등도 후자가 정중한 표현으로 인식되어 있다.

5. 공손어

공손어(丁寧語)란 화자가 오로지 청자만을 배려하여 그 청자를 직접 높여서 공손하게 대우하는 경어이다. 여기에서는 문법적으로나 의미적으로나 화제의 인물이나 내용과는 일체 상관이 없다. 따라서 화제가 무엇이든 관계없이 쓰인다. 무생물일 경우도 마찬가지이다. 다음과 같은 문에서 사용되는 「です」「ます」를 「丁寧語」라고 하는 것이다.

(1) a) これは日本語概説という本です。
  b) 日本は韓国より大きいです。
(2) a) ここに英語の本があります。
  b) 今から懇親会を始めたいと思います。

이와 같이 주로 문말에 쓰이는 「です · ます」는 상대방에 대하여 공손하게 말을 함으로 인해 그 청자에 대한 경의를 나타내는 것으로, 오로지 청자에 대한 직접적인 경의를 나타내기 위하여 사용되는 것이다. 가장 순수한 대자경어인 셈이다.

공손어에는 특별히 경의가 의식되지 않는 경우도 허다하다. 경어로서 보다는 상대방이 나이가 좀 많다든지, 심리적인 거리가 있다든지, 발표회장 등에서 격식을 차릴 필요가 있는 경우 등에 사용되는 경우가 많기 때문이다. 그래서 경어(敬語) 대신에 예어(礼語) 또는 사교경어(社交敬語)라는 용어를 제안하는 경우도 있다.

따라서, 공손어는 오로지 청자에 대한 배려를 나타내는 말로, 화자가 청자와의 사회생활에 있어서의 원만한 관계를 유지하기 위하여 청자를 공손하게 대우하는 표현형식이다, 라고 정의할 수가 있다.

청자에 대한 배려라는 점에서 보면, 위에서 본 정중어와 여기에서의 공손어를 따로 분류할 필요가 없을 것 같지만 그렇지 않다. 정중어의 경우는, 행위자가 상위자일 경우에는 사용할 수가 없다. 예를 들어, 「先生もその会議に出席いたしますか」는 오용이 된다. 왜냐하면, 예문처럼 행위자(先生)가 상위자일 경우에는 「いたす」가 그 상위자를 낮추어서 대우하는 꼴이 되어버리기 되기 때문이다.

이에 비하여 「です」나 「ます」와 같은 공손어는 어떠한 화제의 인물에 대한 내용이더라도, 혹은 어떠한 주제에 관한 내용을 이야기하더라도, 그것과는 상관없이 청자에 대한 배려만 있으면 사용할 수가 있는 순수한 대자경어이다. 그것이, 화자이든 화자측 인물이든, 청자나 제삼자이든, 혹은 무생물이든 상관이 없는 것이다.

(3) あいつは本当に悪いやつです。
(4) 父はただいま外出しております。
(5) 外は秋雨が降っております。

공손어는 주로 문말에 사용되기 때문에 문체와도 밀접한 관계를 가진 경어이다. 그런데, 경우에 따라서는 다음과 같이 문중에 사용되기도 한다. 그러나 문중에서 너무 많이 사용하는 것은 권장할 만한 일이 못된다.

(6) あまりにも静かですと, 夜は怖いかも知れませんね。
(7) 私が担当いたしました件に関しまして, ご報告したいと思います。

청자를 특별히 공손하게 대우하고자 할 경우에는「ございます・~てございます・~でございます」를 사용한다.「ございます」는「あります」의 정중한 표현이기 때문에 정중어라고 할 수도 있을 것이지만, 오로지 청자에 대한 배려에 의해 사용된다는 점에서 공손어에 더 가깝다고 할 수 있다. 다음의 예를 익히도록 하자.

(8) 静岡県と山梨県の県境に富士山がございます。

(9) 新しく造った試作品はそちらに置いてございます。

(10) これは本日の会議に必要な資料でございます。

6. 미화어

일본어의 경어에는 미화어(美化語)라고 불리는 범주가 있다. 미화어란 화자가 표현의 소재를 품위 있는 말로 미화하여 표현함으로서 화자자신의 언어적 품위를 지키기 위한 말로 일반적으로 해석된다. 「お魚·ご飯」 등이 그와 같은 예이다. 이들은 「魚(さかな)·飯(めし)」에 대하여 품위 있는 표현이 된다.

미화어는 기본적으로 화자자신의 언어적 품위를 위한 표현이기 때문에 경어에 포함하지 않고 대우표현에만 포함시키는 경우도 있으나, 그 언어적 품위를 지킨다는 것은 상대방에 대한 배려라고 볼 수 있기 때문에 경어의 일종으로 보는 경우가 많다. 즉 미화어는 소재경어와 대자경어의 기능을 겸비하고 있다고 볼 수 있다. 양자를 확연히 구분할 수 없는 것이다.

미화어도 특정어형의 미화어와 성분첨가에 의한 미화어로 나눌 수 있다. 전자는, 「食う」에 대한 「食べる」, 「飯」에 대한 「ご飯」처럼 접두사를 필요로 하지 않는 단어나, 접두사를 분리할 수 없는 말을 일컫는다. 후자는, 「魚」에 대한 「お魚」처럼 미화접두사를 단어의 본체로부터 분리할 수 있고, 그렇더라도 기본적인 의미에는 차이가 없는 단어를 말한다.

먼저, 특정어형을 가진 미화어는 세 개의 타입으로 분류할 수가 있다. 별개의 단어를 사용하는 것과 접두사의 첨가에 의한 특정어형, 접두사에 의해 의미의 전환이 이루어지는 미화어가 그것이다.

별개의 단어를 사용하는 미화어로는, 「寝る」를 「やすむ」로 표현하거나, 「うまい」를 「おいしい」로, 「やる」를 「あげる」로 표현하는 데에서 볼 수 있다. 약간 어려운 용어이지만 「塩」를 「なみのはな」로 표현하거나 「醤油」를 「むらさき」와 같은 방식으로 표현하는 것도 단어전환에 의한 미화어라고 할 수 있다.

접두사의 첨가에 의한 특정어형에는 접두사와 본체부분이 일체화한 미화어가 많다. 「お辞儀·おすまし·お節·お多福·おでん·おてんば·おとぎ話·おなら·おむつ·おめでた·ごはん」 등이 그와 같은 예이다. 이들은 접두사를 분리할 경우, 일반적으로 의미가 통하지 않게 된다.

접두사에 의해 의미의 전환이 이루어지는 미화어가 있다. 예를 들면, 「おかっぱ」는 「河童(かっぱ)」에서 유래하지만, 양자는 전혀 다른 의미를 나타낸다. 전자는 단발머리를 나타내고 후자는 상상 속의 동물을 나타내기 때문이다. 이와 같은 예로는 「おかげ·おかず·おなか·おやつ」 등이 있다. 또한, 「お」가 용언의 연용형에 접속되어 명사로 사용되는 것이 있는데, 「おしぼり·おにぎり·おむすび」 등의 예가 있다. 이들도 접두사를 제외하면 의미가 달라진다.

성분첨가에 의한 미화어를 살펴보도록 하자. 미화어에 쓰이는 접두사는 「お」가 대부분이다. 일반적으로 접두사 「お」는 고유어에 첨가되고, 한자어에는 「ご」가 첨가되기 쉬운데, 미화어의 경우에는 고유어·한자어를 불문하고 그 대부분이 「お」에 의하여 만들어지는 것이다. 「お箸·お鍋·お魚·おねぎ·お花」 등은 고유어에 「お」가 첨가된 예이며, 「お天気·お布団·お茶碗·お大根·お野菜」 등은 한자어에 「お」가 첨가된 예이다. 한자어에 「ご」를 첨가하는 미화어는 「ご褒美·ご本」 등이 예외적으로 존재할 뿐이다.

「お」는 같은 부류의 것이라고 하여 모든 것에 첨가시킬 수 있는 것은 아니다. 예를 들면, 「お花」라고는 하지만 「お桜」라고는 하지 않으며, 「お猿」라고는 하더라도 「お猫」라고는 보통 말하지 않는다. 이것은 언어습관이라고 밖에 설명이 되지 않는다.

「お」가 미화접두사로 쓰였는지, 존경접두사로 쓰였는지는 전후 문맥에 따라서 판단해야 되는 경우가 있다. 다음의 (1)은 미화접두사로, (2)는 존경접두사로 기능하고 있다.

(1) a) ずいぶんとお高い品でございますね。
b) まことにお静かで, 考えをまとめるには取って置きの場所でした。
(2) a) あの背のお高い方はお笑い芸人のようですね。
b) あそこに座っていらっしゃる方は本当にお静かな方ですね。

「お」의 기능을 살펴볼 수 있는 다른 방법이 있다. 다음의 (3)처럼 「お」가 「당신의」라는 의미를 나타낼 때는 존경접두사로 사용된 것이고, (4)처럼 「お」가 「나의」 또는 「일반적인」이라는 의미일 때는 미화접두사로 사용된 것이다.

(3) a) すばらしいお帽子でございますね。
b) この度お書きになったのは何に関するご本でしょうか。
(4) a) このお帽子は友達からいただいたものなのよ。
b) よく眠れるように今からご本を読んであげるわね。

미화어는 일본어에 특징적으로 발달되어 있는 표현양식이다. 그러나, 지나치게 다용하는 것은 금물이다. 특히, 여성에 의해 많이 사용되는, 「おコップ·お靴下」 등은 정도가 지나치다는 비판이 많으며, 「おビール」 등은 안정권에 들어 있다고 할 수 있다.

이상에서 본 바와 같이 일본어의 경어는 그 종류도 많고 분류 방법도 다양하며 속해 있는 용어나 성분도 매우 풍부하다. 어렵게 느껴질 수도 있겠지만 잘 이해를 하고 활용을 하게 되면 일본어의 수준이 한층 높아진다는 것을 느낄 수 있게 될 것이다. 한국어의 경어보다도 훨씬 복잡하게 발달되어 있고, 활용방법도 차이가 있다는 점을 인지할 필요가 있다.

제7장
언어생활

1. 방언과 공통어

우리는 살아가면서 주변 사람들과 끊임없이 커뮤니케이션을 시도하고 있다. 커뮤니케이션의 수단으로서는 언어가 가장 합리적이고 적합한 수단이다. 인간의 생활은 언어와 함께 하고 있는 것이다.

일본어에 대한 연구는 주로 일본어 그 자체를 대상으로 한다. 그런데 때로는 일본어가 현실 생활에서 어떻게 운용되고 있는지를 연구하는 경우도 있다. 실생활에서의 일본어의 운용법을 살펴봄으로서 일본어를 사용하는 사람과 생활과의 관계를 살펴보고자 하는 것이다. 이와 같은 연구의 측면을「언어생활」이라고 한다.

언어생활에 대한 연구는 학문분야로서는 사회언어학(社会言語学, sociolinguistics)이라고 하는 범주에 속한다. 단, 사회언어학이라고 하면 지나치게 학문적인 느낌이 들기 때문에, 언어생활이라는 측면이 좀 더 현실적인 느낌을 갖고 여러 가지 방면에서 관찰이 시도되고 있다.

언어의 운용법을 살펴보는 것은 그 언어사용인의 삶의 방식, 사고방식, 가치관, 문화 등을 종합적으로 이해할 수 있는 계기가 된다. 한마디로 일본어라고 하더라도 그 안에는 다양성이 있기 때문에 일본인의 언어생활은 다양한 관점에서 살펴볼 수 있는 것이다. 그리고 그 안에는 일정한 규칙과 체계가 있다.

일본어의 여러 측면을 먼저 방언과 공통어부터 살펴보도록 하자. 방언(方言, dialect)은 한 언어 안에서 각각의 지역에 따라 각기 다른 형태로 표현되는 말을 가리킨다. 일본인의 대부분은 일상생활에서 일본어를 사용하고 있지만, 한마디로 일본어라고 하더라도 그 내용은 지방에 따라 크게 다르게 나타난다.

방언권이 서로 다르면 같은 언어에 속하더라도 의사소통에 문제가 발생할 수 있다. 예를 들면 방언권이 다른 아오모리현(青森県) 사람과 가고시마현(鹿児島県) 사람이 각각의 지방에서 사용하는 말로 서로 대화를 하려고 하여도 거의 통하지 않을 정도이다. 이와 같이 아오모리현에서 사용되고 있는 말은 아오모리방언(青森方言), 가고시마현에서 사용되고 있는 말은 가고시마방언(鹿児島方言)이라고 한다. 일상생활에서는 방언을 「弁(べん)」이라고 하는 경우도 많아서, 「青森弁」「鹿児島弁」「名古屋弁」 등으로 표현하는 경우도 많다.

방언은 같은 언어가 지역에 따라 차이가 인정될 때를 말하는 것이다. 따라서 같은 국가라고 하더라도 다른 언어를 사용할 때는 방언으로 간주하는 것이 아니라 별개의 언어로 간주한다. 예를 들면 아이누족이 사용하는 아이누어는 일본어와는 별개의 언어이다.

원래, 방언이란 하나하나의 단어를 말하는 것이 아니라, 어떤 지역 말의 총체를 가리킨다. 예를 들면 동북지방(東北地方)에서는 「可愛い」를 「メンコイ」라고 하는데 이 「メンコイ」를 방언이라고 하는 것이 아니라, 이것을 포함한 동북지방 전체의 특징적인 표현방식을 동북지역의 방언, 즉 동북방언(東北方言)이라고 하는 것이다.

이와 같이 방언은 지역 언어의 총체이기 때문에 그 안에는 전국 공통적으로 사용되는 말을 포함하게 된다. 물론 세세한 음성적인 차이는 지역차가 현저하게 나타날 수도 있다.

각 지역에 따라 특징적으로 사용되는 각 지역의 방언을 지역방언(地域方言, local dialect)이라고 한다. 특별한 전제 없이 방언이라고 하면 지역방언을 가리키는 것이 보통이다.

그런데, 같은 지역이라고 하더라도 연령이나 직업 등에 따라 사용되는 말이 차이가 날 수 있다. 이와 같이, 동일지역의 언어사용에 있어서 연령차나 직업차 등이 인정될 때에, 각각의 계층이 사용하는 언어를 사회방언(社会方言, social dialect)이라고 한다. 현대의 젊은이들이 자기들 사이에서만 주로 사용하는 특색이 있는 언어인 청소년어(若者語)도 사회방언의 일종이라고 할 수 있다.

방언과 닮은 개념에 사투리(なまり)라는 것이 있다. 사투리란 공통적으로 사용되는 언어와 어형이 다른 단어라든가, 어형은 같으나 의미가 다른 단어와 같은 것을 말한다. 예를 들면, 「可愛い」를 뜻하는 「メンコイ」나 「疲れた」를 뜻하는 「こわい」, 「おもしろい」를 뜻하는 「おもろい」 등은 사투리이다.

일반적으로는 이 사투리를 가리켜서 방언이라고 부르는 경우도 많다. 일본에서는 전국 각지에서 많은 방언집이 만들어졌는데, 이들의 대부분은 특정 지역에서 사용되는 사투리를 모은 사투리집이다.

공통어(共通語, common language)는 어떤 특정한 지역을 넘어 한 언어권에서 두루두루 사용되는 언어를 말한다. 방언 즉 지역방언에 대립되는 개념이다. 공통어란 현실적으로 존재하는 다수의 지역방언 중의 하나를 편의상 공통어라는 이름으로 지정한 것에 지나지 않는다.

일본어의 경우, 도쿄지역에서 일반적으로 사용되는 말, 즉, 도쿄방언이 공통어의 위치를 차지하고 있다고 할 수 있다. 조금 넓게 보면, 수도권방언을 공통어로 지정하고 있는 것이다.

공통어와 비슷한 개념에 표준어(標準語, standard language)라는 것이 있다. 일상생활에서는 두 용어를 구분하지 않고 사용하는 경우도 흔하다. 그러나, 공통어는 현실적으로 존재하는 언어인데 비하여, 표준어는 규범적으로 정한 언어형식이다. 일본어에서는 전전(戦前)에 표준어라는 용어를 사용하였으나 전후(戰後)에는 공통어를 공식 용어로 사용하고 있다.

각 지역의 친한 사람과 이야기할 때는 일반적으로 방언을 사용하는 경우가 많고, 다른 지역의 사람과 이야기하거나 또는 많은 사람 앞에서 스피치를 하는 경우와 같은 격식 차린 장면에서는 공통어를 사용하는 것이 보통이다. 공통어의 경우에도, 악센트와 같은 각 지역의 특징이 들어간 공통어를 지역공통어라고 하고, 전국적으로 통하는 공통어는 전국공통어라고 한다.

요즘에는 매스컴의 발달로 인해 공통어화가 일반화되고 있기는 하지만, 각 지역에서는 지금도 지역방언이 왕성하게 사용되고 있고, 각 지역방언에 자부심을 갖고 있는 일본인도 많다. 물론, 공통어화로 인해 사투리는 많이 줄어들고 있는 것이 현실이다.

2. 신어와 유행어

지역방언은 쇠퇴하고 있지만, 젊은이를 중심으로 새로운 사회방언이 생기기도 한다. 주로 젊은층이 사용하는 청소년어(若者語)나 신어·유행어가 많이 생겨나고 있는 것이다.

일본에서 사용되고 있는 최근의 신어와 유행어 등의 면모에 대해 대표적인 몇 가지를 살펴보도록 하자. 매년 시행하고 있는 「신어·유행어대상」, 청소년어, 일본인들 사이에서도 난해한 「KY語」, 단어의 일부분을 생략해서 만든 「신종る동사」 및 「신종イ형용사」에 대해 살펴보도록 한다.

2.1 신어 · 유행어 대상

일본에서는 한해에 가장 영향력 있었던 용어를 선정하여 연말에 시상하는 신어·유행어대상(新語·流行語大賞)을 매년 실시하고 있다. 「신어·유행어대상」이란 한 해 동안에 발생한 각종 용어 중에서, 기묘하게 세태(世相)를 반영한 표현이라든가, 널리 대중의 눈이나 입, 귀를 떠들썩하게 했던 신어·유행어를 선정함과 동시에, 그 용어에 깊숙이 관련된 인물이나 단체를 매년 표창하는 것이다.

이 대상(大賞)은 1984년에 시작되었고, 발표는 매년 12월 상순에 한다. 용어는 매년 10~15개 정도가 선정되며 「대상」 및 「톱텐」으로 구성되어 있다.

각각의 해에 선정된 용어를 보면 그 시대를 읽을 수 있다. 여기에서는 한해에 하나씩 그 해를 대표할 만하다고 판단되는 용어를 한 줄 설명과 함께 싣도록 한다. 기억에 남는 것을 찾아보는 것도 좋을 것이다.

제1회(1984년)【千円パック】: 천엔 팩
　　독극물 협박 사건에 대항하기 위한 안전한 과자 팩.
제2회(1985년)【100ドルショッピング】: 100달러 쇼핑
　　무역마찰 해소를 위해 1인당 100달러씩 외제품 사기 운동.
제3회(1986년)【ファミコン】: 패미컴
　　게임상품「패미컴」은 뉴미디어 산업의 여명을 암시.
제4회(1987년)【朝シャン(モーニング・シャンプー)】: 아침샴푸
　　아침에 샴푸를 하자는 선전이 여고생을 중심으로 확대.
제5회(1988년)【しょうゆ顔・ソース顔】: 간장 얼굴, 소스 얼굴
　　젊은 여성들 사이에서 남성을 품평하는 시대가 도래.
제6회(1989년)【『壁』開放】: 장벽 개방
　　페레스트로이카 노선에 의해 베를린장벽 제거.
제7회(1990년)【アッシーくん】: 앗씨쿤
　　심야에 여성의 이동수단이 되어주는 남성.
제8회(1991년)【地球にやさしい】: 지구에 착하다
　　환경문제가 가장 중요한 문제가 될 것이라는 인식 확대.
제9회(1992년)【謝長悔長】: 사장 회장
　　버블경제가 붕괴된 후에 보인 사과하는 사장, 후회하는 회장.
제10회(1993년)【2500円スーツ】: 2500엔 양복
　　가격파괴의 상징적인 것이 한 벌 2500엔에 판매하는 양복.
제11회(1994년)【就職氷河期】: 취직빙하기
　　대졸취직난은 사회문제가 될 정도로 심각하였다.

제12회(1995년)【インターネット】: 인터넷

컴퓨터의 글로벌 네트워크가 일상화되기 시작하였다.

제13회(1996년)【ルーズソックス】: 루즈삭스

헐렁헐렁한 양말이 여고생들의 패션으로 등장하였다.

제14회(1997년)【たまごっち】: 다마고치

계란을 닭으로 성장시키는 게임기가 대히트를 기록하였다.

제15회(1998년)【環境ホルモン】: 환경호르몬

생태계를 교란시키는 화학물질을 환경호르몬으로 명명.

제16회(1999년)【西暦2000年問題】: 서기2000년문제(Y2K)

2단위 체제인 컴퓨터가 2000년을 인식 못할 것이라는 우려.

제17회(2000년)【ジコチュー (ジコ虫)】: 자기중심주의자

남을 배려하지 못하는 자들을 벌레에 비유한 캠페인.

제18회(2001년)【ブロードバンド】: 브로드밴드

고속으로 대용량의 정보를 송수신할 수 있는 회선.

제19회(2002년)【ダブル受賞】: 더블 수상

한 해에 두 사람이 노벨상을 수상하기는 처음 있는 일.

제20회(2003년)【バカの壁】: 바보의 벽

『도쿄대생은 바보가 되었는가』등의 서적이 히트하였다.

제21회(2004년)【冬ソナ】: 겨울연가

드라마「겨울연가」는 한류의 촉매제가 되었다.

제22회(2005년)【ブログ】: 블로그

「ウェブログ(Web-log)」의 약칭인 블로그가 일반화되었다.

제23회(2006년)【ミクシィ】: 믹시

일본 최대의 SNS(ソーシャル・ネットワーク・サービス).

제24회(2007년)【猛暑日】: 혹서일

하루의 최고기온이 35도 이상의 날을 가리키는 새로운 용어.

제25회(2008년)【後期高齢者】: 후기고령자

국가가 75세 이상의 고령자를 가리켜 이름 붙인 명칭.

제26회(2009년)【草食男子】: 초식남

협조적이며 자상하지만 연애에는 무관심한 젊은 남성.

제27회(2010년)【AKB48】: AKB48

Akihabara(秋葉原)에서 비롯된 여성 아이돌 그룹.

제28회(2011년)【絆】: 유대감

동일본대지진은 유대감의 중요성을 재인식시켰다.

제29회(2012년)【東京ソラマチ】: 도쿄소라마치

도쿄스카이트리의 전망대와 주변 상업시설 일대.

제30회(2013년)【ご当地キャラ】: 지역마스코트

각 지역을 상징하는 마스코트가 전국적으로 확대되었다.

제31회(2014년)【集団的自衛権】: 집단적자위권

조직을 손에 쥔 자는 용어해석도 자의적으로 하려 든다.

제32회(2015년)【一億総活躍社会】: 1억전원활약사회

일본 국민 전원이 활약하는 사회를 만들자는 캐치프레이즈.

2.2 청소년어

청소년어(若者語)란 주로 20대를 전후한 젊은층에서 사용하는 속어나 유행어적인 성격의 표현을 말한다. 세대에 따라서 이해하기 어려운 부분도 있지만 일정 부분은 세대를 떠나서 사용되고 있는 것도 있다. 청소년어는 청소년들이 주로 사용한다는 의미이기 때문에 다른 항목에 있는 신조어나 유행어 등도 포함하여 생각할 필요가 있다. 어느 정도의 일반성을 가지고 청소년들이 주로 쓰는 용어를 얼마간 제시하도록 한다.

「ゲーセン」	오락실(game center)
「ゲットする」	차지하다(get)
「シカトする」	무시하다(화투에서 유래한 용어)
「デニスカ」	데님 스커트(denim skirt)
「励まし系(はげましけい)」	격려 타입
「マイブーム」	나만의 붐, 나만의 유행
「リピーター」	리피터(repeater)
「ケー番(ケーばん)」	휴대폰 번호(携帯番号)
「ため口(ためぐち)」	반말
「マンガ喫茶(マンガきっさ)」	만화 카페
「迷惑メール(めいわくメール)」	스팸메일
「ひきこもり族(ひきこもりぞく)」	틀어박힘족, 두문불출족
「かてきょう」	과외교사, 가정교사(家庭教師)
「ガン寝(ガンね)」	깊이 잠드는 것, 깊은 잠
「圏外(けんがい)」	통화권 이탈
「セカンド·ジョブ」	부업(second job)
「プチ整形(プチせいけい)」	간단 성형
「朝一(あさいち)」	아침 1교시 수업
「代返(だいへん)」	대리출석
「マナーモード」	진동모드
「着信履歴(ちゃくしんりれき)」	수신목록
「恋バナ(こいばな)」	연애담
「レア物(レアもの)」	특이한 물건, 희귀품
「すべる」	썰렁하다, 웃기는데 실패하다
「オフ会(オフかい)」	번개, 정모
「マック」	맥도날드
「いけてる」	멋지다

「メアド」 이메일 주소(mail address)
「ばったもん」 가짜, 모조품
「マジ」 정말
「家電(いえでん)」 집 전화
「追いコン(おいコン)」 졸업생 송별회
「路駐(ろちゅう)」 불법 주차
「かたまる」 (컴퓨터가) 다운되다
「逆ギレ(ぎゃくギレ)」 적반하장
「スッチー」 스튜어디스
「まったりする」 느긋이 지내다
「文字化け(もじばけ)」 글씨가 깨짐
「元カノ(もとカノ)」 옛 여자친구
「亀レス(かめレス)」 늦은 답변(리플)<反:速レス(そくレス)>
「逆ナン(ぎゃくナン)」 여자가 남자를 헌팅하는 것, 남자헌팅
「番通(ばんつう)」 발신자번호표시
「ファミレス」 패밀리 레스토랑
「かぶってる」 중복되다
「キットカット」 합격기원 초콜릿
「こじゃれた」 세련된
「ニケツ」 한 자전거 같이 타기
「連ドラ」 연속극
「ういてる」 어울리지 못하다
「ナルシー」 공주병/왕자병(narcissist)
「バイク便(びん)」 퀵 서비스
「ボキャヒン」 어휘력이 딸리다
「個食(こしょく)」 나홀로 식사
「ジコチュー」 이기적

「スウェット」	트레이닝복(sweat)
「すっぴん」	맨 얼굴
「着メロ」(ちゃくメロ)	핸드폰 벨소리
「フリマ」	벼룩시장(flea market)
「ぼったくる」	바가지 씌우다
「ラブコメ」	로맨틱 코미디
「おな中(おなちゅう)」	같은 중학교
「えぐい」	잔인하다
「かむ」	버벅거리다
「ギャラ」	보수(guarantee)
「ちくる」	고자질하다
「オヤジギャグ」	썰렁 유머
「仮面浪人(かめんろうにん)」	몰래 재수생
「チープリ」	싸고 예쁜 스타일
「ネチケット」	인터넷 에티켓
「オフィスラブ」	사내 연애
「遅刻魔(ちこくま)」	지각대장
「ネットする」	인터넷하다
「ばっくれる」	시치미 떼다
「コヤジ」	젊은 아저씨
「自分撮り(じぶんどり)」	셀프 사진 찍기
「ロチュー」	길거리 키스

2.3 KY어

「KY語(ケーワイご)」란 일본어의 문장을 간략화하여 각 단어 첫머리의 로마자나 숫자를 조합하여 만든 축약어로, 두자어(頭字語)의 일종이다. 2007년에 일본에서 KY어가 대유행하였다. 여기에서 「KY」란 「空気を読めない」 또는 「空気の読めない人」 「空気を読め」 등의 뜻으로, K는 「空気(Kuuki)」, Y는 「読めない(Yomenai)」의 두문자(頭文字)를 딴 것이다. 「空気」는 분위기라는 뜻이다. 이와 같이, ＫＹ 등으로 대표되는 주로 알파벳 2~3문자로 축약된 표현을 「ＫＹ어」라고 한다. 일본에 있어서의 축약어는 1990년대 중엽에 청소년어(若者言葉)로 어느 정도 사용되었으나, 2007년말에 「KY」가 취급된 이래로 이와 같은 축약어를 총칭하여 「KY語」 또는 「KY式日本語」라는 말로 사용되게 된 것이다.

「ＫＹ어」는 휴대폰이 일반화되면서 좁은 화면에 가능한 한 많은 정보를 실어 나르기 위해 등장한 디지털 산업의 산물이라고 할 수 있다. 「KY어」의 예를 얼마간 들어두도록 한다.

AKY	あえて空気読まない	AM	後でまたね
AM	アホ丸出し	AY	頭弱い
BKY	場の空気読めない	BY	場が読めない
CB	超微妙～	CC	超かわいい
CK	超キモイ	CKY	超空気読めない
DD	大学デビュ	DK	大事なところでかむ
FK	ファンデーション濃いね	GJ	よくやった (Good Job)

HD 暇な時電話する
HK はてしなくキモイ
HP はみパン
IT アイス食べる？
JC 女子中学生
JK 冗談は顔だけにして
KB 空気ぶちこわし
KI カラオケ行きたい
KOK 声の音量考えて
KY! 空気嫁（空気読め！）
MA まじありえない
MKY マジ空気読めない
MMK モテてモテて困る
MT まさかの展開
MU マジウケる
OA オンエア
PSI パンツにシャツ入れる
SKT シカト
SM サラリーマン
SU 生理的に受け付けない
TK とんだ勘違い
U ウケる
WH 話題変更
YB やくたたずの豚

HK 話し変わるけど
HM 話戻るけど
IH 意味不明
IW 意味わからない
JK 女子高生
JK 冗談キツイ
KD 高校デビュ
KK 過剰な勘違い
KY 空気読めない(人)
KY 帰ってよし
MK5 マジキレる5秒前
MM まじめんどくさい
MS みんなに避けられてる
MU マジうざい
NW ノリ悪い
PK パンツ食い込んでる
SKN そんなの関係ねえ
SKY すごい空気読めない
ST 精神的につらい
SY それってヤバくない？
TM トラブルメーカ
UD うるさい(うざい)だまれ
Y ヤバい
YM ヤル気マンマン

2.4 신종る동사

외래어나 고유일본어, 한자어 등의 일부에 「る」를 붙여서 동사화한 용어가 넘쳐나고 있다. 이와 같은 동사화현상은 청소년을 중심으로 사용된 신조어 또는 유행어로 시작되어 지금은 일반용어화한 것도 많이 있다. 필자는 이와 같은 용어를 「신종る동사」라고 명명하였다. 많이 알려진 예를 얼마간 제시하도록 한다.

2.4.1 외래어에 의한 「る동사」

(1) 「アピる」 : 어필하다, アピールする。
(2) 「アポる」 : 약속을 잡다, アポイントメントをとる。
(3) 「オケる」 : 노래방 가다, カラオケに行く。
(4) 「ゲトる」 : 차지하다, ゲットする。
(5) 「コピる」 : 복사하다, コピーをする, コピーを取る。
(6) 「サボる」 : 땡땡이치다, サボタージュする。
(7) 「タクる」 : 택시 타다, タクシーに乗る。
(8) 「ダブる」 : 겹치다, double+る。
(9) 「デコる」 : 장식하다, デコレーションする。
(10) 「テンパる」 : 초긴장하다, 聴牌(テンパイ)+る。
(11) 「トラブる」 : 문제가 생기다, trouble+る。
(12) 「ナビる」 : 길을 안내하다, ナビゲートする。
(13) 「パニクる」 : 혼란에 빠지다, パニックになる。
(14) 「ハモる」 : 하모니를 이루다, ハーモニーをなす。

(15)「パロる」 : 패러디하다, パロディ+る。

(16)「マクる」 : 맥도널드에 가다, マクドナルドへ行く。

(17)「ミスる」 : 실수를 하다, ミスをする。

(18)「メモる」 : 메모하다, メモを取る, メモをする。

(19)「リピる」 : 반복하다, リピートする。

(20)「ロスる」 : 손해보다, lose+る。

2.4.2 고유일본어와 한자어에 의한「る동사」

(1)「ぐちる」 : 불평하다, 愚痴を言う, 愚痴をこぼす。

(2)「くまる」 : 다크서클이 생기다, 隈(くま)ができる。

(3)「けちる」 : 인색하다, けちけちする。

(4)「こくる」 : 고백하다, 告白する。

(5)「こしょる」 : 이야기를 끊다, 話の腰を折る。

(6)「てかる」 : 얼굴이 번들거리다, てかてかする。

(7)「にきる」 : 여드름이 생기다, にきびができる。

(8)「ねぐる」 : 머리가 헝클어지다, 寝癖がつく。

(9)「ねぼる」 : 늦잠자다, 朝寝坊をする。

(10)「ぱしる」 : 부려먹다, 부려먹히다, 使いっ走りする。

(11)「はみる」 : 삐져나오다, はみ出る。

(12)「ひとりごちる」 : 혼잣말을 하다, ひとりごとを言う。

(13)「ぷよる」 : 살찌다, ぷよぷよしている。

(14)「ふろる」 : 목욕하다, お風呂に入る。

(15)「よしる」 : 요시노야에 가다, 吉野屋に行く。

2.5 신종イ형용사

요즈음 청소년들의 언어행동을 관찰해 보면, 본래의 형용사를 축소시키거나, 외래어나 고유일본어 혹은 한자어 등의 일부에 「い」를 붙여서 새로운 イ형용사화 한 것이 난용되고 있다는 것을 알 수 있다. 이와 같은 イ형용사는 젊은이를 중심으로 신조어 또는 유행어로 사용되기 시작하는 것이 통례이며, 지금으로서는 일반용어로 꽤나 친숙한 것도 산견되고 있다. 필자는, 이와 같은 용어를 「신종イ형용사(新種イ形容詞)」로 명명하였다.

신종イ형용사의 한 예로, 이미 정착도가 꽤 높아져 있는 「うざい」를 보도록 하자. 「うざい」란 「うざったい」의 간략어로 사용되고 있는 말로, 근래에는 본래의 말인 「うざったい」보다도 더욱 친숙한 표현이 되어 있고, 이미 『고지엔(広辞苑)』의 최신판(제6판)에도 등재되어 있다. 이와 같이 신종イ형용사 중에는 사전에 등재되어 정식 일본어의 일부로 인정받고 있는 것도 존재하는 것이다. 이들은 신조어·유행어라는 인식마저 엷어져 있는 것이 현재의 실태라고 할 수 있다.

이하에 어느 정도 일반화된 예를 얼마간 제시하도록 한다. 이해를 돕기 위해 원래의 단어를 첨부한다.

うざい(<うざったい), へぼい(<平凡), まぶい(<眩しい)

きまい(<きまずい), くすい(<くすぐったい)

はんぱない(<半端じゃない), もっそい(<ものすごい)

うっとい(<鬱陶しい), けばい(<けばけばしい)

はずい(<恥ずかしい), むずい(<難しい), げすい(<下衆)

ごくい(<極), ざこい(<雑魚), しぼい(<脂肪)

ばらい(<薔薇), やばい(<やば)

しょぼい(<しょぼしょぼ), ちくい(<ちくちく)

チャラい(<チャラチャラ), ナヨい(<ナヨナヨ)

パサい(<ぱさぱさ), ぺこい(<ぺこぺこ)

エゴい(<egoism, egoist), エモい(<erotic+キモい)

エロい(<erotic, eroticism), ダルい(<dull), テクい(<technic)

ニューい(<new), ピンクい(<pink), プロい(<professional)

ラブい(<love), いなたい(<田舎+やぼったい)

きしょい(<気色+悪い), きもい(<気持ち+悪い)

ジョモい(<極上+きもい), ちちくるしい(<乳+愛くるしい)

バカッコい(<ばか+かっこいい), モザい(<モザイク+うざい)

いじこしい(<いじましい+ややこしい)

うざっこい(<うざい+しつっこい), ウザもい(<ウザい+キモい)

うだい(<うざい+だるい), エロかわいい(<エロい+かわいい)

エロこわい(<エロい+怖い), おもろしい(<面白い+恐ろしい)

かゆったい(<痒い+くすぐったい), キショウザい(<きしょい+うざい)

キモカワイい(<キモい+かわいい), さぶい(<さびしい+さむい)

ダムい(<だるい+眠い), ネモジい(<眠い+ひもじい)

オゲシい(<大げさだ+激しい), キワい(<気持ち悪い+猥褻だ)

グモい(<グロテスクだ+きもい), しょんどい(<正直だ+しんどい)

ブチャカワイい(<ぶさいくだ+かわいい)

めんどい(<面倒だ+しんどい), こさい(<焦げる+臭い)

ちょざい(<チョー+うざい), どさい(<ど+ださい)

はもい(<腹が減る+気持ち悪い), ゆずい(<痒い+むずむず)

3. 일본인의 성씨

일본어를 이해하는 데에 있어서 한자읽기는 하나의 난관이라고 할 수 있다. 그 중에서도 특히 어려운 것이 인명읽기이다. 비일본어화자가 일본어와 접할 때 가장 어려움을 느끼는 것은 무엇보다도 일본인의 인명, 특히 성(姓)을 읽는 방법이라고 할 수 있다. 이것은 비단 비모어화자뿐만 아니라 일본인 스스로도 매우 어려워하고 있는 것이기도 하다.

일본인의 성은 그야말로 복잡다양하다. 통계에 의하면 일본인의 성은 현재 12만개에 이른다. 이것은 가계(家系)의 이름인 성의 종류가 많기로 세계 제일이라고 알려져 있다. 한국인의 성 오백여개에 비하면 엄청난 차이임을 알 수 있다.

일본인의 성은 왜 이렇게 많아졌을까? 일본인의 성의 역사는 아주 재미있는데, 모든 일본인이 성을 갖게 된 역사는 그리 오래되지 않았다. 과거에도 물론 성은 존재하였지만, 성을 가진 자들은 소위 지배층, 즉 무사계급에 국한되었다. 메이지유신 때까지 일반서민은 특별한 경우를 제외하고는 성을 갖는 것이 금지되었다.

이와 같이 일본인은 메이지유신 때까지는 특수한 계층을 제외한 일반인은 성을 갖지 않았던 것이다. 그러던 것이 메이지유신 때에 만민평등의 사상에 근거하여, 그때까지 성이 허용되지 않았던 일반서민도 성을 가질 수 있도록 허용되었다. 그러나 당시의 서민들은 성의 필요성을 특별히 느끼지 않은 사람들도 많아서 성을 갖지 않은 사람도 상당히 있었던 모양이다. 그래서 전 가구 수를 파악할 필요성을 느낀 정부는 1875년 성의 보유를 의무화한다.

메이지유신 후에 정치적인 목적하에 급조된 성이 많은 것이다. 그러나, 그 때까지 성을 갖고 있던 지배층보다 몇 배에 달하는 일반서민이 갑자기 성을 가지려니 혼란이 발생할 수밖에 없었다. 스스로 자기의 성을 지은 사람도 있었지만, 많은 사람들이 소위 유식자(有識者)에게 성을 의뢰했고, 경우에 따라서는 동사무소 직원의 취향에 따라 제멋대로 지어진 성도 있었다고 한다.

갑자기 성을 짓다 보니, 「논(밭)에」 살면 「다나카(田中)씨」이고, 「산에」 살면 「야마나카(山中)씨」, 「산 아래에」 살면 「야마시타(山下)씨」이다. 동사무소 직원의 취향에 따라 같은 한자에도 읽기가 다른 경우도 있다. 필자가 아는 사람만 하더라도 「神野」라는 한자의 성은 「신노(しんの)」라는 사람도 있고 「진노(じんの)」라는 사람도 있다.

이와 같이 성이 많다 보니, 이를 어느 정도 제한할 필요성을 느낀 일본정부는 한자를 제한하기에 이른다. 현재 인명용 한자는 상용한자 외에 861자의 표외자(表外字)로 인정하고 있다. 그러나 이것은 글자를 제한한 것으로, 읽는 법에는 제한이 없다. 따라서 자기 마음대로 읽을 수 있다는 뜻이 된다. 이것도 일본인의 성명을 읽기 어렵게 하는 요인이 되고 있다.

또한, 현대인의 이름은 누구에게나 읽기 쉽고 쓰기 쉽고 기억하기 쉬운 이름을 지으려고 노력하지만, 옛날 사람들은 너무 쉽게 이름이 기억되면 여러 가지 불리한 상황에 처할 수 있다는 생각에 가능하면 읽기 어려운 성이나 이름을 짓기를 원했던 것 같다. 그래서 고안에 고안을 거듭하여 지금으로서도 얼른 보면 뭐라고 읽는지 도무지 알 수 없는 성도 있다. 이와 같은 것도 일본인의 성을 많게 한 요인이라고 볼 수 있겠다.

참고로, 일본인 중에서 성을 갖지 않는 유일한 가계가 있다. 그것은 만세일계(万世一系)를 주장하는 천황(天皇)과 그 계통이다. 성이라는 것은 다른 가계와 구별하기 위한 목적하에서 만들어졌는데, 천황은 유일한 계통이라는 주장에 의해 다른 가계와 구별할 필요도 없고 그래서도 안 된다는 생각에서이다.

아래에 일본인의 성씨 베스트100을 싣도록 한다. 일본인과의 커뮤니케이션에 중요한 역할을 할 수 있으니 익혀두기 바란다.

【일본인의 성씨 베스트100】

佐藤, 鈴木, 高橋, 田中, 渡辺, 伊藤, 小林, 中村, 山本, 加藤, 吉田, 山田, 斎藤, 佐佐木, 山口, 松本, 木村, 井上, 清水, 林, 阿部, 山崎, 池田, 中島, 森, 石川, 橋本, 小川, 石井, 長谷川, 後藤, 斉藤, 山下, 藤田, 遠藤, 前田, 岡田, 近藤, 青木, 村上, 金子, 三浦, 坂本, 福田, 太田, 田村, 小野, 藤井, 竹內, 中川, 西村, 松田, 中野, 原田, 和田, 中山, 岡本, 石田, 小島, 内田, 森田, 工藤, 横山, 酒井, 柴田, 原, 藤原, 高木, 島田, 宮崎, 菊地, 上田, 桜井, 安藤, 宮本, 大野, 丸山, 今井, 大塚, 千葉, 菅原, 村田, 武田, 新井, 野口, 小山, 増田, 高田, 平野, 岩崎, 上野, 佐野, 杉山, 谷口, 高野, 松井, 野村, 渡部, 河野, 古川

위에서 본 역사적인 과정하에 이루어진 일본인의 복잡다양한 성 중에서, 한국인의 입장에서 봤을 때 특히 인상에 남는 성을 몇 가지 소개하도록 한다.

먼저, 숫자와 관련된 성을 보도록 하자. 일본인은 성이나 이름에 숫자를 사용하는 경우가 매우 많다. 예를 들면, 「一」이라는 성

은 「이치몬지(いちもんじ)」라고 읽고, 「一二三」이라는 성은 「히후미(ひふみ)」라고 읽는다. 「九」는 「이치지쿠(いちじく)」, 「十」은 「모지(もじ)」 또는 「つなし」, 「九十九」는 「쓰쿠모(つくも)」라고 읽는다. 「千万憶」이라는 성은 「쓰모루(つもる)씨」라고 부르는데, 천만번이나 생각을 하니 「쓰모루(つもる)」이다.

최고의 걸작은 「四月一日」 또는 「四月朔日」이라고 써서 「와타누키(わたぬき)」라고 읽는 성이다. 이것을 「와타누키(わたぬき)씨」라고 읽는 유래는 우리의 생활과 밀접한 관계가 있다. 그것은 「와타(綿:솜)」를 「누쿠(抜く:빼다)」하는 계절을 나타낸다. 궁핍했던 과거에 겨울을 나기 위해 두 겹으로 된 옷에 솜을 채웠다가 겨울이 지나고 따뜻한 5월(음력 4월)이 되면 솜을 뺐던 데서 비롯된 말이다.

한자의 음으로 봤을 때, 아주 재미있는 성이 있다. 예를 들어 「시카마(色麻)씨」 즉, 「색마씨」가 그 좋은 예인데, 보통말인 「시키마(色魔)」가 연상된다. 일본에서는 이성에 추물거리는 사람을 「엣치」라고 하는데, 「오치(越智)씨」를 한자음대로 읽으면 이 「엣치씨」가 된다. 필자가 일본에서 근무할 때, 내 연구실 건너편의 독일어 전공을 한 분의 성인데, 그 앞을 지날 때마다 이상한 생각이 들었다. 우연히도 현재 필자가 속해 있는 학과에 와 있는 원어민교수도 「오치(越智)씨」이다.

일본어의 의미로 봤을 때 한자대로 해석하면 더 재미있는 성도 있다. 예를 들어, 일본어로 「바람기」를 「浮気(우와키)」 즉 「마음이 들떠 있는 상태」를 이르는데, 이 한자를 그대로 써서 「浮気씨」라는 사람이 있다. 물론, 「바람기」를 뜻하는 「うわき」라고는 하지 않고 「ふけ」씨라고 읽지만, 「うわき」라고 읽히지 않으리라는 법도 없다.

「출구씨(出口さん)」만 있는 줄 알았는데 「입구씨(入口さん)」도 있었다. 「미타라이(御手洗)씨」를 처음으로 봤을 때는 「お手洗いさん」 즉 「화장실씨」인가 하고 깜짝 놀랐다. 「東西南北씨」는 「世も広い(세상도 넓다)」라는 뜻으로 「よもひろさん」이라고 읽고, 「春夏秋冬씨」는 「1년」이라는 뜻의 「ひととせさん」이라고 읽는다. 「다카나시(小鳥遊)씨」는 「다카(鷹 : 매)」가 없으니 작은 새가 잘 논다는 뜻이고, 「야마나시(月見里)씨」는 「야마(山 : 산)」가 없으니 달이 잘 보인다는 뜻이다.

4. 언어유희

언어유희(言葉遊び)는 단어가 갖는 음이나 뜻을 이용하여 재미나 웃음을 자아내기 위해 즐기는 언어놀이이다. 경우에 따라서는 어려운 내용을 암기하기 위하여 사용되는 경우도 있다.

일본어에서는 「しゃれ(익살), 語呂合わせ(말맞추기), なぞなぞ(수수께끼), 早口言葉(빠른말연습), 滑舌練習(활설연습), 尻取り(끝말잇기), 回文(회문), クロースワード(클로즈워드)」 등 여러 가지 형태의 언어유희가 있다.

「しゃれ」는 같은 음이나 유사한 음을 재치 있게 짜맞추는 것이기 때문에 「語呂合わせ」도 여기에 포함된다고 할 수 있다. 다음과 같은 예를 볼 수 있다.

「そこにいるのに稲井(いない)さん」
「なんと(710)美しい平城京」
「鳴くよ(794)うぐいす平安京」
「いい国(1192)作ろう鎌倉幕府」

특정한 업계에서 전문어 형식으로 사용되는 언어유희가 있다. 일본 나가노현(長野県)의 쓰마고(妻籠)를 여행할 때, 점심식사를 하기 위해 들어간 우동집 입구에 「春夏冬中」이라고 쓰인 표찰이 걸려 있었다. 이것은 「あきないちゅう」라고 읽는다. 「春夏秋冬」 중에서 「秋」가 없으니 「秋ない中」=「商い中」=「営業中」. 대단한 언어유희(語呂合わせ)이다.

이 후에 잘 살펴보니 유사한 표현이 더 있었다. 「春夏冬二升五合」는 「商いますます繁盛」라고 읽는다. 「春夏冬」은 「あきない」, 「二升」는 「升(ます : 되)」가 두 개이니 「ますます(점점)」, 「五合(오홉)」은 「一升(한 되)」의 절반이니 「半升(はんじょう)」, 「はんじょう」는 발음이 「繁盛」와 같으니 전부 합치면 「영업 점점 번성」이라는 뜻이 된다. 같은 식으로 풀이하면 「一斗二升五合」는 「ご商売ますます繁盛」라는 뜻임을 알게 된다. 「一斗(한 말)」는 「十升(열 되)」이고 「十升(열 되)」는 「五升(다섯 되)」의 「倍(배)」이므로 「五升倍(ごしょうばい)」, 이것은 발음이 「ご商売(ごしょうばい)」와 같으므로 결국 「사업이 점점 번창한다」는 뜻이 된다.

「なぞなぞ」도 여러 가지 형태를 볼 수 있다. 다음과 같은 것은 한국어에서도 사용할 수 있는 것들이다.

座れば高くなり, 立てば低くなるものは何?

<答 : 天井>

白い着物を着て, 真っ赤な顔をして, 涙を流しているものは何?

<答 : ろうそく>

こすると消える文房具はなあに？

<答 : 消しゴム>

「早口言葉」와 「滑舌練習」도 거의 같은 의미로 사용된다. 전자는 일반적으로 사용되는 것이고 후자는 주로 방송용어로 사용된다. 다음과 같은 예를 볼 수 있다.

「東京特許許可局」

「坊主が屏風に上手に坊主の絵を描いた」

「赤坂あたりは割合暖かかった」

「尻取り」는 앞말의 끝 음을 받아서 새로운 단어를 만들어가는 놀이이다. 다음과 같이 만들 수 있다.

にほんご－ゴリラ－ラジオ－おたく－くも－モザイク－くせもの－のっぽ－ポーランド－ドイツ－つばめ－めかくし－しあわせ－せともの－のりもの－のみもの－のぎく－くるま－まつたけ－けいと－とかい ……。

「回文」은 앞에서 읽으나 뒤에서 읽으나 같은 음이 되는 문을 말한다. 예를 들면 「夏まで待つな」는 어느 쪽으로 읽더라도 「なつまでまつな」가 된다.

5. 한일공통 사자숙어와 관용표현

고품격의 언어생활을 하는 데 있어서 사자숙어와 관용표현은 매우 중요한 역할을 한다. 여기에서는 일본어와 한국어에서 기본적이면서도 공통으로 쓰이는 사자숙어와 관용표현을 얼마간 선정하여 싣도록 한다.

5.1 사자숙어

사자숙어(四字熟語)란 한자 네 글자로 만들어진 숙어를 가리킨다. 사자성어(四字成語)라고도 한다. 일본어와 한국어에서 각각의 발음으로 바로 사용할 수 있는 사자숙어에는 다음과 같은 것이 있다.

(1) 悪戦苦闘(あくせんくとう)	악전고투
(2) 以心伝心(いしんでんしん)	이심전심
(3) 一網打尽(いちもうだじん)	일망타진
(4) 一攫千金(いっかくせんきん)	일확천금
(5) 一触即発(いっしょくそくはつ)	일촉즉발
(6) 一進一退(いっしんいったい)	일진일퇴
(7) 一心同体(いっしんどうたい)	일심동체
(8) 一心不乱(いっしんふらん)	일심불란
(9) 一石二鳥(いっせきにちょう)	일석이조
(10) 一朝一夕(いっちょういっせき)	일조일석
(11) 一長一短(いっちょういったん)	일장일단

(12) 意味深長(いみしんちょう) 의미심장
(13) 右往左往(うおうさおう) 우왕좌왕
(14) 我田引水(がでんいんすい) 아전인수
(15) 危機一髪(ききいっぱつ) 위기일발
(16) 起死回生(きしかいせい) 기사회생
(17) 奇想天外(きそうてんがい) 기상천외
(18) 喜怒哀楽(きどあいらく) 희노애락
(19) 公明正大(こうめいせいだい) 공명정대
(20) 呉越同舟(ごえつどうしゅう) 오월동주
(21) 孤立無援(こりつむえん) 고립무원
(22) 五里霧中(ごりむちゅう) 오리무중
(23) 言語道断(ごんごどうだん) 언어도단
(24) 才色兼備(さいしょくけんび) 재색겸비
(25) 山紫水明(さんしすいめい) 산자수명
(26) 自画自賛(じがじさん) 자화자찬
(27) 自給自足(じきゅうじそく) 자급자족
(28) 自業自得(じごうじとく) 자업자득
(29) 弱肉強食(じゃくにくきょうしょく) 약육강식
(30) 自由自在(じゆうじざい) 자유자재
(31) 上意下達(じょういかたつ) 상의하달
(32) 支離滅裂(しりめつれつ) 지리멸렬
(33) 心機一転(しんきいってん) 심기일전
(34) 針小棒大(しんしょうぼうだい) 침소봉대
(35) 千載一遇(せんざいいちぐう) 천재일우
(36) 千差万別(せんさばんべつ) 천차만별
(37) 前代未聞(ぜんだいみもん) 전대미문
(38) 大願成就(たいがんじょうじゅ) 대원성취

(39) 大器晩成(たいきばんせい) 대기만성
(40) 大同小異(だいどうしょうい) 대동소이
(41) 適材適所(てきざいてきしょ) 적재적소
(42) 馬耳東風(ばじとうふう) 마이동풍
(43) 波瀾万丈(はらんばんじょう) 파란만장
(44) 半信半疑(はんしんはんぎ) 반신반의
(45) 不平不満(ふへいふまん) 불평불만
(46) 無味乾燥(むみかんそう) 무미건조
(47) 有名無実(ゆうめいむじつ) 유명무실
(48) 利害得失(りがいとくしつ) 이해득실
(49) 竜頭蛇尾(りゅうとうだび) 용두사미
(50) 臨機応変(りんきおうへん) 임기응변

5.2 관용표현

관용표현(慣用表現, idiom)이란 두 개 이상의 단어가 결합하여 각각의 단어가 갖는 뜻과는 전혀 다른 의미를 나타내는 것을 말한다. 관용구 또는 관용어구라고도 한다. 일본어와 한국어에서 같은 어구성에 의해 조합된 관용표현을 이하에 싣는다.

(1) 穴(あな)が開(あ)くほど (구멍이)뚫어지게
(2) 息(いき)を殺(ころ)す 숨을 죽이다
(3) 雨後(うご)の筍(たけのこ) 우후죽순
(4) 固唾(かたず)を呑(の)む 마른침을 삼키다
(5) 口(くち)が軽(かる)い 입이 가볍다

(6) 雲(くも)をつかむ	구름을 잡다(막연하다)
(7) 雀(すずめ)の涙(なみだ)	참새의 눈물(아주 적음)
(8) 玉(たま)に瑕(きず)	옥에 티
(9) 血(ち)も涙(なみだ)もない	피도 눈물도 없다
(10) 手(て)の裏(うら)を返(かえ)す	손바닥을 뒤집다
(11) 長(なが)い目(め)で見(み)る	긴 안목으로 보다
(12) 涙(なみだ)を呑(の)む	눈물을 삼키다
(13) 話(はなし)に花(はな)が咲(さ)く	이야기에 꽃이 피다
(14) 腹(はら)が黒(くろ)い	뱃속이 검다
(15) 膝(ひざ)を打(う)つ	무릎을 치다
(16) 膝(ひざ)を交(まじ)える	무릎을 맞대다
(17) 耳(みみ)が痛(いた)い	귀가 따갑다
(18) 胸(むね)を張(は)る	가슴을 펴다
(19) 目(め)もくれない	거들떠보지도 않다
(20) 指折(ゆびお)り数(かぞ)える	손꼽아 기다리다

6. 언어활용

이상에서 본 것처럼 다양한 측면에서 일본어를 관찰할 수 있다. 일본어의 활용에 대해 종합적으로 정리를 해 보자.

앞에서 언급한 방언과 공통어를 살펴보는 것도 큰 의미가 있다. 일본어는 실로 방언이 발달되어 있는 언어이다. 각 지역방언을 사용하는 사람도 비교적 자신의 방언에 긍지를 갖고 있는 경향이 강하다. 그러면서도 일본인은 방언과 공통어를 구분 사용하는 경우가 많아서 각각을 사용해야 할 때를 가리고 있다. 친구들끼리는 지역방언을 사용하는 경우가 많고, 공식적인 석상에서는 공통어를 사용하는 것이 보통인 것이다. 물론, 이와 같은 방언과 공통어의 구분 사용을 잘하는 사람이 있는가 하면 잘하지 못하는 사람도 있다.

경어운용에 있어서도 여러 가지 수준의 대우레벨에 맞게 조정하면서 사회생활을 영위하고 있다. 일본인이 사회생활을 하는데 있어서 경어를 제대로 익히고 있지 않으면 실제로 많은 어려움에 봉착하게 된다. 일본인의 인간관계 파악의 기준점이라고도 할 수 있다.

이 경어를 장면에 맞게 구분해서 사용하는 것도 꽤나 어려운 문제이다. 어떤 사람을 높게 대우하고, 어떤 사람에게 경어의 사용을 생략할 수 있는가? 경어만 계속 사용하면 서먹서먹함이 느껴지는 경우가 있는 반면에, 친근한 사이가 되더라도 경어를 생략할 수 없는 경우도 있다. 학교에서의 후배가 회사에서의 선임자가 되었을 때에 어느 정도의 경어를 골라서 써야 하는가도 꽤나 민감한 문제이다.

이와 같은 장면에 적절히 대응할 수 있어야만 인간관계가 제대로 유지가 되는 것이다. 말을 사용하는 규칙이 사람에 따라 다를 경우,

오해가 발생하기도 하기 때문이다. 실제로 회사 안에서의 입사년도와 연령과의 관계가 어긋날 경우에 어느 정도의 경어를 사용할 것인가는 매우 어려운 문제여서, 자기만의 규칙으로는 해결하기 어려운 것이다. 이와 같은 경어를 잘 구분해서 사용하는 사람이 있는가 하면 그렇지 못한 사람도 있다. 경어를 공부해야 하는 이유이다.

성별에 따른 남성어와 여성어도 차이가 있다. 요즈음의 젊은이들은 언어사용에 있어서 과거처럼 확실하게 남녀의 구분을 하지 않는 경향이 있지만, 그래도 기본적으로 남성적인 표현과 여성적인 표현은 구분하여 사용되고 있는 것이 현실이다. 평상시에는 여성적인 표현을 즐겨 쓰지 않는 여성이라도 마음에 드는 남성 앞에서는 전통적인 여성어를 사용하는 경향도 있다.

전문가가 사용하는 어려운 용어를 연구하는 경우도 있고, 친구들끼리 사용하는 친근한 표현에 관심을 갖고 관찰하는 경우도 있다. 사람들의 흥미가 다르면 얘기하는 화제도 다르고, 사용하는 표현도 다르게 된다. 장년층에서는 전통적인 용어를 많이 사용하고, 약년층에서는 유행어를 자주 사용하는 경향이 있다. 유아어는 언어발달 과정을 살피는데 중요한 요소가 된다. 이와 같은 것은 위상의 측면에서 관찰이 가능하다.

우리는 언어생활에 있어서 맞닥뜨리는 여러 가지의 장면에 따른 적절한 언어행동이 요구된다. 그러나 어떤 언어행동이 바람직한가 하는 판단은 그리 쉬운 문제가 아니다. 말을 사용할 것인가 말 것인가도 언어생활의 한 측면이다. TPO(time, place, occasion)를 종합하여 판단하지 않으면 어느 것이 옳다고 단정할 수는 없는 문제가 된다.

일본인은 거의 전원이 일본어를 말할 수 있고, 일본이라는 나라 안에서는 거의 일본어만이 사용되고 있다. 물론, 일본어 안에는 차용어나 외래어가 많이 존재하고 있지만, 이들도 일본어의 일부라고 생각해야 한다. 또한, 일본 안에도 아이누어를 말하는 사람도 있고, 류큐어를 말하는 사람도 있지만, 이러한 사람들도 공통어로서의 일본어를 말할 수 있는 것이 보통이다. 서로의 커뮤니케이션이 잘되고 있는 것이다.

그러나 한편으로는 언어에 대한 인식의 차이도 날이 갈수록 깊어져 가는 경향이 있다. 일본의 문화청에서 매년 실시하고 있는 언어에 관련된 여론조사를 보면, 인식이 잘못된 채로 일반화되어 원래의 바른 표현을 하는 사람보다도 비율이 높아져 가는 어구도 많이 있어서 커뮤니케이션에 부작용이 발생하기도 한다. 교육이 필요한 대목이다.

일본어가 대언어라는 점도 간과할 수 없는 부분이다. 세계의 제언어 안에서 본 일본어의 위치를 다시 한 번 음미할 필요도 있다. 언어연구에 있어서는 무엇을 목적으로 하느냐가 보다 중요한 요소이긴 하지만, 우리가 배우는 언어가 어느 위치에 있는가를 직시하는 것은 매우 의미 있는 일이라 할 수 있다.

언어는 세계를 어떻게 인식하는가를 반영하는 것이다. 외국어학습이라는 것은 단순히 같은 대상에 자의적으로 붙여진 다른 명칭을 기억하는 작업 이상으로 의미 있는 일이며, 주어진 세계를 사람이 어떻게 인식하고 있는가라는 문제와 깊이 연관되어 있다.

현대사회와 같이 이문화간(異文化間)의 커뮤니케이션이 활발한 시대에는 이언어간(異言語間)의 번역이나 통역의 필요성은 훨씬 더해진다. 그래서 어느 나라에서나 고등교육의 상당한 부분을 외국어 학습에 활용하고 있는 것이다.

외국어를 공부하다가 지치게 되면 왜 지구상에는 이렇게나 많은 언어가 있는가, 인간은 왜 한 가지 언어만 쓸 것이지 이렇게나 많은 언어를 쓰게 되었는가 묻고 싶어질 때도 있다. 그래서 어떤 인위적인 언어로 커뮤니케이션을 통일하면 얼마나 편할까를 생각해 보기도 한다.

사실 그와 같은 노력이 없는 것은 아니다. 에스페란토는 세계화가 되지는 못했지만 지금도 일부에서는 사용되고 있고, 최근에는 쉬운 영어를 기반으로 하는 글로비쉬도 각광을 받고 있다. 그러나 현실적으로 모든 인류에게 공통되는 언어를 만들어낸다고 하는 것은 불가능한 일이다. 만약에 어느 하나의 언어를 선정하여 그것을 공통된 커뮤니케이션 도구로 활용할 수 있다고 하더라도 자연언어를 사라지게 할 수는 없는 것이다.

결국은 현실을 직시해야 한다. 본인이 가지고 있는 모어를 기본으로 해서 다른 언어를 습득하면서 그에 관련된 여러 경험을 하는 것은 참으로 의미 있고 유익한 일이다. 일본어에는 일본어화자의 삶의 모든 면이 함축되어 있다.

【参考文献】

浅田秀子 (1996)『敬語マニュアル』, 南雲堂.

天沼寧 · 大坪一夫 · 水谷修 (1978)『日本語音声学』, くろしお出版.

飯田晴巳 · 中山緑朗編 (1995)『概説日本語学』, 明治書院.

庵功雄 (2001)『新しい日本語学入門　ことばのしくみを考える』, スリーエーネットワーク.

池上秋彦 (1984)「体言の敬語法」『研究資料日本文法⑨ 敬語法編』(鈴木一彦 · 林巨樹編), 明治書院.

池上嘉彦 (1987)『ふしぎなことば ことばのふしぎ』, 筑摩書房.

石綿敏雄 · 高田誠 (1990)『対照言語学』, 桜楓社.

市川保子 (1997)『日本語誤用例文小辞典』, 凡人社.

稲垣吉彦 (1999)『平成 · 新語×流行語小辞典』, 講談社.

井上史雄 (1985)『新しい日本語―《新方言》の分布と変化―』, 明治書院.

井上優編 (2003)『日本語教育ブックレット3 日本語教師のための対照研究入門』, 国立国語研究所.

岩波書店辞典編集部編 (1999)『ことばの道草』, 岩波書店.

岩淵匡 · 桜井光昭 · 武部良明 · 森田良行編 (1989)『日本文法用語辞典』, 三省堂.

NHK放送文化研究所編 (1998)『NHK日本語アクセント辞典 新版』, 日本放 送出版協会.

NHK放送文化研究所編 (2005)『NHKことばのハンドブック第2版』, NHK出版.

沖森卓也編 (2010)『日本語概説』, 朝倉書店.

尾崎喜光 (1994)『國文學』, 學燈社.

加藤彰彦 · 佐治圭三 · 森田良行編 (1989)『日本語概説』, 桜楓社.

北原保雄編 (1995)『概説日本語』, 朝倉書店.

「敬語の指針」(2007) 文化審議会の文部大臣に対する答申.

『広辞苑 第六版』(2008) 岩波書店.

『国語学大辞典』(1980) 東京堂出版.

国際交流基金 (2006)『海外の日本語教育の現状―日本語教育機関調査 · 2006年改訂版―』, 凡人社.

国立国語研究所 (1990)『敬語教育の基本問題 (上)』, 大蔵省印刷局.

国立国語研究所 (1992)『敬語教育の基本問題 (下)』, 大蔵省印刷局.

国立国語研究所 (2008)『新「ことば」シリーズ21 私たちと敬語』, ぎょうせい.

佐藤喜代治 (1982)「日本における漢字使用の歴史」『漢字』(「ことば」シリーズ16, 文化庁編), 大蔵省印刷局.

笹原宏之 (2007)『国字の位相と展開』, 三省堂.

杉本つとむ · 岩淵匡編 (1990)『日本語学辞典』, 桜楓社.

鈴木順子 · 石田敏子 (1995)『表記法』(日本語例文 · 問題シリ ズ11, 荒竹出版), 東洋文庫.

鈴木孝夫 (1990)『日本語と外国語』, 岩波書店.

『世界のことば小事典』(1993, 柴田武編) 大修館書店.

田中章夫 (1974)「敬語関係用語集」『敬語講座9 敬語用法辞典』(林四郎 · 南不二男編), 明治書院.

玉村文郎 (1992)「漢字」『日本語学を学ぶ人のために』(玉村文郎編), 世界思想社.

『デジタル大辞泉』(http://www.daijisen.jp/digital) 小学館.

日本語学研究所編 (2000)『勘ちがいの日本語』, PHP研究所.

『日本語学研究事典』(2007) 明治書院.

日本語教育学会編 (2005)『新版 日本語教育事典』, 大修館書店.

『日本語新辞典』(2005, 松井栄一編) 小学館.

『日本語百科大事典』(縮刷版, 1995) 大修館書店.

野口恵子 (2004)『かなり気がかりな日本語』, 集英社.

文化庁 (1971)『待遇表現』, 大蔵省印刷局.

文化庁 (1995)『言葉に関する問答集 総集編』, 大蔵省印刷局.

文化庁 (1999)『平成10年度 国語に関する世論調査』, 大蔵省印刷局.

文化庁 (2010)『平成21年度 国語に関する世論調査 新しい常用漢字についての意識』, ぎょうせい.

文化庁 (2014)『平成25年度 国語に関する世論調査 コミュニケー ション · 読書 · 言葉遣い』, ぎょうせい.

『分類語彙表—増補改訂版』(2004) 国立国語研究所編 国立国語研究所資料集14, 大日本図書.

白同善 (1997)「日韓両言語の謙譲語の機能と種類—素材性謙譲語 · 対者性謙譲語 · 丁重語—」『日本語論究5 敬語』(名古屋 · ことばのつどい編集委員会編), 和泉書院.

益岡隆志 · 田窪行則 (1992)『基礎日本語文法 改訂版』, くろしお出版.

明治書院企画編集部編 (1997)『ことばの再発見』, 明治書院.

米川明彦 (1998)『男と女の流行語』, 小学館.

米川明彦 (2002)「現代日本語の位相」『現代日本語講座4 語彙』, 明治書院.

渡辺実 (1996)『日本語概説』, 岩波書店.

【색인】

ㄹ

ㅁ

ㅂ

ㅅ

백동선

· 전남대학교 일어일문학과 졸업
· 일본 나고야대학대학원문학연구과 일본언어문화전공
석·박사과정 졸업
· 문학박사
· 나고야한국학교, 나고야대학 교관 역임
· 현재 강원대학교 일본학과 교수

〈저서 및 논문〉
·『일본어의 대우표현 연구』(일본문화연구총서22, 보고사, 2003)
·「日本의 新常用漢字의 構成과 韓國의 教育漢字」
(『日本學報』第101輯, 2014) 등

일본어학개설

초판 1쇄 발행 _ 2016년 2월 25일
2쇄 발행 _ 2022년 3월 2일

저 자 · 백 동 선
발행인 · 정 현 걸
발 행 · 신 아 사
인 쇄 · 대명프린팅
주 소 · 서울특별시 은평구 통일로 59길 4 (2층)
전 화 · (02) 382-6411 팩스 · (02) 382-6401
홈페이지 · www.shinasa.co.kr
E-mail · shinasa@daum.net
출판등록 · 1956년 1월 5일 (제 9-52호)

ISBN 978-89-8396-930-9(93730)

정가 12,000원